SIEMPRE BRILLANTES, A VECES DIFÍCILES

Sandrine Rampont

Siempre brillantes, a veces difíciles

Cómo trabajar con personas con altas
capacidades y aprovechar todo su talento

 Empresa Activa

Argentina – Chile – Colombia – España
Estados Unidos – México – Perú – Uruguay

Título original: *Parfois ingérables, toujours brillants*
Editor original: Editions EYROLLES
Traducción: Micaela Salas

1.ª edición Octubre 2022

Copyright © 2019 *by* Editions Eyrolles
All Rights Reserved
© 2022 *by* Ediciones Urano, S.A.U.
Plaza de los Reyes Magos, 8, piso 1.º C y D – 28007 Madrid
www.empresaactiva.com
www.edicionesurano.com

ISBN: 978-84-16997-67-1
E-ISBN: 978-84-19251-73-2
Depósito legal: B-15.006-2022

Fotocomposición: Ediciones Urano, S.A.U.
Impreso por Romanyà Valls, S.A. – Verdaguer, 1 – 08786 Capellades (Barcelona)

Impreso en España – *Printed in Spain*

ÍNDICE

PARTE II
DIRECCIÓN DE LAS PERSONAS CON ALTAS CAPACIDADES
Confiar en la inteligencia colectiva

Prólogo a la edición en español

Creo que existe un desconocimiento generalizado en el ámbito de los recursos humanos acerca de la gente con altas capacidades y su relación con el trabajo.

Podemos encontrar artículos, estudios y libros que nos hablan de las altas capacidades o alto potencial a lo largo de la infancia y la adolescencia. Sin embargo, es escasa la información divulgativa o los estudios académicos sobre el adulto con altas capacidades, sus características y cómo este se inicia y se desarrolla en el ámbito laboral, lo cual confiere, si cabe, mayor valor a esta obra.

Estudios recientes acerca de las competencias relacionadas con el futuro del empleo y, por tanto, de creciente demanda en las organizaciones, nos descubren que gran parte de ellas están relacionadas con las altas capacidades:

- Creatividad (en el sentido de integrar ideas o metodologías de diferentes ámbitos y recrearlas en una versión nueva que poder aplicar a una determinada situación),
- Autoaprendizaje (curiosidad e interés por aprender constantemente),
- Intuición (utilización de experiencias y conocimientos de forma no necesariamente consciente),
- Resolución de problemas (complejos o no habituales) y pensamiento crítico (que facilita la identificación de áreas de mejora).

> *Las empresas, por tanto, tienen una creciente*
> *necesidad de talento creativo e innovador para hacer*
> *frente a los desafíos de un entorno cada vez más*
> *exigente, incierto y cambiante.*

Con este libro, único en su género en español, Sandrine Rampont también analiza qué ocurre cuando la persona con altas capacidades se convierte en directiva: tiende a aplicar a sí misma el mismo nivel de exigencia que imponía a su jefe, lo que puede llevarle a rechazar responsabilidades directivas en los entornos que le priven de ejercer esta función correctamente.

Fidelizar a los empleados con altas capacidades pasa, por tanto, por el hecho de fomentar la existencia de un verdadero liderazgo y por la promoción de personas comprometidas con un poder real de decisión y acción. Para ejercer correctamente su función, cualquier directivo (con o sin altas capacidades) necesita que la empresa cree un marco que le permita hacerlo.

Y aquí es donde aparece el concepto de *Smart Management*. La presión de los resultados a corto plazo es a veces tan fuerte que se hace necesario temporizar y distinguir lo urgente de lo importante, a fin de negociar soluciones inteligentes.

La confluencia del *Smart Management* y los altos potenciales permite obtener beneficio de la diversidad cognitiva, es decir, constituir un colectivo de perfiles que se complementan para generar un desempeño óptimo. A mayor diversidad, las interacciones entre diferentes tipos de personalidad benefician más al conjunto de la organización, en la medida en que responde mejor a las necesidades de su mercado, ya que sus equipos reflejan la diversidad del mundo real en el que opera.

La excelencia directiva implica, pues, adaptarse a sus colaboradores (y no al contrario) para que cada uno aporte al colectivo el máximo que puede dar; eso sí, poniendo los límites necesarios para preservar su eficacia.

No es fácil, pero ¿debemos renunciar a ello?

Las personas con altas capacidades son impulsoras en las empresas gracias a su pensamiento divergente y aportan ideas innovadoras gracias a que no tienen miedo a decir «no estoy de acuerdo», pero a menudo optan por el emprendimiento tras frustrantes experiencias de trabajo en organizaciones excesivamente jerarquizadas y poco amables con la diversidad cognitiva.

Las experiencias y casos de éxito que comparte Sandrine en esta obra, junto con su propuesta de *Smart Management*, constituyen un punto de encuentro entre la necesidad de las organizaciones de aumentar su ventaja competitiva y el desarrollo de la carrera profesional de las personas con altas capacidades. Una misión que, más allá de los legítimos intereses (empresariales y personales) de cada uno, implica a toda la sociedad.

En diciembre de 2020, fueron presentados en una mesa redonda [1], organizada por la Bolsa de Trabajo de la asociación de personas con alto CI, Mensa España, los resultados de la primera encuesta realizada en España [2] dirigida a conocer la realidad laboral de las personas con Altas Capacidades Intelectuales y su situación profesional.

Muchos mitos y estereotipos quedaron desmentidos por los datos y las evidencias:

---

[1]. Mesa redonda sobre el tema «Las Altas Capacidades en el Mundo Laboral» con ponencias de Roberto Colom, catedrático de Psicología Diferencial de la Universidad Autónoma de Madrid, y Daniel Samora, profesional de RR. HH. especialista en Atracción y Desarrollo del Talento en el sector IT.

[2]. Trabajo Final del Máster en Gestión de Recursos Humanos en las Organizaciones de Noelia Aránega y Tamara Rodríguez. Se encuestaron 268 personas con altas capacidades, de edades comprendidas entre los 17 y los 67 años y a 61 empresarios, directivos y profesionales de RR. HH. https://youtu.be/b5Tzkw5V2fk

- confirman que las personas con altas capacidades tienen más probabilidad de educarse durante más tiempo y mejor, de ocupar puestos laborales más exigentes y prestigiosos y, en consecuencia, de ganar más dinero,
- ponen de relieve que las altas capacidades no son positivamente valoradas en un proceso de selección ni ayudan a conseguir empleo, por lo que la gran mayoría de las personas encuestadas no las menciona,
- muestran que el encaje profesional de las personas con altas capacidades aparece como ampliamente satisfactorio, con alta coherencia entre vocación, estudios y trabajo desempeñado y sin indicios significativos de inadaptación laboral, desmintiendo algunas leyendas urbanas que alimentan la percepción de que las personas con altas capacidades tienden a estar laboralmente inadaptadas.

Sin embargo, la percepción desde las empresas es algo contradictoria. Del citado estudio se concluye también que, desde el punto de vista de los profesionales de recursos humanos se afirma que el grado de inteligencia es un criterio importante en los procesos de selección, aunque no consideran que las altas capacidades estén relacionadas con una mayor responsabilidad laboral o un mayor nivel salarial.

Por todo esto, recomiendo la lectura del libro de Sandrine a todo profesional de recursos humanos o a cualquier directivo que deba gestionar el talento de la gente con la cual trabaja

Vicente Feltrer
Profesional de RR. HH., Reclutamiento y Selección. Profesor del Máster en Gestión de RR. HH. de la Universitat Autònoma de Barcelona. Coordinador de la Bolsa de Trabajo de Mensa España

Prefacio

Mientras leía este libro, me conmovió la voz de alarma de la autora.

Las personas con altas capacidades, que desarrollan una gran capacidad de adaptación desde la infancia para ajustarse a las normas sociales y convivir en armonía con los demás, son una verdadera oportunidad para la empresa que sepa aprovechar sus puntos fuertes y tenga en cuenta sus debilidades.

Qué desperdicio dejar que se marchiten esa clase de personas, que pueden ser potentes motores de rendimiento y de inteligencia colectiva. Qué triste es ver cómo se les puede destruir obligándolas a limitarse o empujándolas a la sobreadaptación...

¿Cuál es la diferencia entre un hombre inteligente y un hombre brillante? Antoine Pinay —uno de los pocos primeros ministros franceses que no pidió serlo— dio una respuesta clara: en Francia hay muchas personas muy inteligentes. Un hombre brillante es sin duda muy inteligente, pero también tiene... sentido común.

Ojalá hubiera leído este libro antes. Me ha abierto los ojos a los desajustes en la velocidad, la forma de razonar y de comunicarse de los superdotados, recordándome el comportamiento de algunos directivos a cuyas órdenes estuve o a quienes tuve que dirigir en mi carrera. También me ha permitido comprender mejor las reacciones de varios allegados con altas capacidades que luchan por desplegar sus alas en un mundo que les impide existir.

Este libro explica los mecanismos de funcionamiento de los individuos con altas capacidades para que quienes se relacionan con ellos puedan «descifrarlos», mejorar la relación con ellos y beneficiar así a la empresa. En este sentido, el presente libro responde muy bien a esta necesidad de concienciación.

En segundo lugar, propone acciones para que las empresas sean ecosistemas humanos y eficientes, abiertos e inclusivos, en los que las acciones se tomen para y por los empleados.

Por último, este libro es un llamamiento a todos aquellos que posean altas capacidades para que, más allá de intentar ser comprendidos, ocupen el lugar que merecen en la empresa, se conviertan en actores de buenas prácticas de gestión y animen a todos los demás empleados a hacer lo mismo.

Es una gran misión para todos los directivos contribuir a tallar cada «diamante en bruto» a fin de que cada cual brille en todas sus facetas conservando el esplendor de su singularidad.

GILLES POIRIEUX
Exdirector general de filiales y zonas del Grupo Sodexo
Presidente de la red de empresarios EVH (Hacia una empresa viva para y por mujeres y hombres vivos)

El desencadenante de la escritura de este libro

¡Stop! Fue el grito de mi cuerpo el que me permitió dejar la empresa. Había dedicado mis esfuerzos a ella durante once años y la había hecho crecer. Me estaba destruyendo.

Todo ello se debió a un cambio de dirección que provocó una cascada de impactos a la que nos vimos arrastrados los directores asociados.

Para mí, todo cambió radicalmente. Mi perímetro se duplicó pero yo retrocedí. Me precipité por un túnel interminable. Las actividades que dirigía deberían haber disminuido. Sin embargo, las impulsé. En modo «piloto automático», me aislé de mis emociones para ofrecer el rendimiento esperado con los medios disponibles. Me convertí en una máquina de crear resultados, trabajando día y noche. Ya no aprendía nada y me sentía abrumada e infrautilizada.

A pesar de ser cada vez más consciente de que mi situación se había vuelto inaceptable, tardé tres años en marcharme. Lo logré cuando me di cuenta de que, en mi posición, no podía revertir el proceso de destrucción colectiva que se había iniciado.

¿Cómo es posible llegar hasta ese punto?

A los tres años ya sabía leer, escribir y contar. Mi etapa escolar estuvo marcada por el aburrimiento, pero también por el placer.

Dependía del entorno y, sobre todo, de la competencia de los profesores.

Aunque era la mejor de la clase, los entornos competitivos a menudo me asustaban. En mi clase de preparación para las grandes escuelas de negocios, muchos soñaban con entrar en la HEC[3]. No era mi caso.

No pudiendo soportar sentirme «formateada», elegí una escuela en la región que me gustaba. Cuando me gradué, me sentí atraída por una PYME. Exigente y ágil. Un gran lugar para el aprendizaje. Éramos autónomos, libres de organizarnos, estimulados intelectual y humanamente. Cuando vendieron la empresa a un gran grupo internacional, asumí la dirección, a los 27 años, y luego continué mi desarrollo, apoyada por un Comex[4] y un equipo extraordinarios. Éramos creativos, trabajábamos duro y estábamos de buen humor. Los resultados eran excepcionales y, sin embargo, nadie se tomaba a sí mismo demasiado en serio.

Aunque me incluyeron en el programa de desarrollo de personas con alto potencial del grupo, lo dejé después de siete años porque no avanzaba al ritmo adecuado.

A continuación, me incorporé a una ETI[5] francesa en régimen de LBO[6]. En contacto con su presidente, tuve que dejar de lado algunas de mis convicciones para seguir adelante. Pero valió la pena: los equipos tenían talento, mis tareas eran estimulantes y variadas, el ritmo era rápido y apreciaba el espíritu empresarial. Allí me desarrollé por mi cuenta, esforzándome por dar a mis equi-

---

3. HEC París está considerada como una de las mejores escuelas de comercio del mundo

4. Comex: comité ejecutivo.

5. ETI: empresa de tamaño intermedio. Se trata de una empresa que cuenta entre 250 y 4999 empleados, con un volumen de negocio que no supera los 1.500 millones de euros y un balance que no supera los 2.000 millones de euros.

6. LBO: *Leverage Buy Out* o compra apalancada es un acuerdo financiero por el que se adquiere una empresa a través de un *holding* que recurre a un préstamo para comprar la empresa.

pos oportunidades de crecimiento al tiempo que ofrecía los resultados esperados. Hasta que me encontré en una situación en la que esto ya no era posible.

Era una sensación de desajuste que me hacía ser consciente de mi «diferencia».

La vida en una empresa no siempre es fácil para los que entienden, deciden y actúan mucho más rápido que los demás. Los que más rinden. Los ojos de los otros juzgan, envidian, condenan. Constantemente. Eso les obliga a tener éxito. Así que quienes tienen altas capacidades se adaptan a la presión, incluso cuando no es razonable, o se limitan a sí mismos pensando en protegerse.

Así es como se convierten en víctimas de un sistema en el que todo está permitido, con la vista puesta en los objetivos, incluidos los desmanes de los directivos y los «juegos» perversos.

En mi caso, cometí el error de adaptarme en exceso a un entorno al que realmente ya no pertenecía. Eso me permitió comprender cómo la empresa consigue destruir los «recursos» que necesita para asegurar su futuro. Este libro propone una reflexión para reconciliarla con todo el talento con que cuenta.

El rendimiento se puede conseguir de otras maneras.

Introducción.

LA DIRECCIÓN DE LAS PERSONAS CON ALTAS CAPACIDADES, UNA CUESTIÓN CLAVE

Como reflejo natural, los individuos buscan controlar su entorno para asegurar su supervivencia y desarrollo. Esto los lleva a desarrollar potentes sistemas de cooperación social.

Durante la revolución industrial, la empresa estableció una organización científica del trabajo e inventó el *management* para optimizar la productividad. Unas décadas más tarde, la constatación de que los seres humanos perdían motivación y eficacia al realizar demasiadas tareas aisladas y carentes de sentido llevó a la introducción de la psicología en las prácticas directivas, con el fin de que los empleados fueran felices y eficaces en el trabajo.

Hoy en día, la revolución tecnológica está acelerando el ritmo de los cambios. Lo imprevisible se está convirtiendo en la norma. Si el futuro se podía construir analizando el pasado, esto ya no es suficiente. Inventar el futuro requiere comprender la complejidad e innovar para adaptarse. Esto hace que la inteligencia global —lógica, social y emocional— sea más importante que los conocimientos o la experiencia cuando se trata de garantizar la competitividad de una organización.

Es esencial identificar a las personas que poseen una o más formas de inteligencia en un nivel muy acusado y cooperar con ellas. Los expertos los llaman personas con altas capacidades intelectuales (ACI) o, más sencillamente, superdotados. Para la empresa, este término se refiere a los directivos jóvenes, exitosos y ambiciosos, generalmente graduados en las mejores escuelas, a los que quiere atraer, contratar y preparar para ocupar sus puestos clave. Los superdotados de los que hablamos aquí pueden estar entre ellos, pero no siempre es así. El de este libro es alguien que podría haber sido calificado como niño intelectualmente precoz y que ha crecido. Superdotado en la empresa, también lo es en su vida personal. Funciona de forma diferente a los demás. Identificado por un test científico, se le sitúa en la categoría de superdotación intelectual o con altas capacidades si su cociente de inteligencia se sitúa en el rango superior a 130. Por encima de este nivel, 145, se le clasifica como altamente superdotado o con muy altas capacidades. Las competencias evaluadas por este test no son suficientes para funcionar bien en la empresa. Los dotados con una alta capacidad intelectual solamente son eficaces en el trabajo si tienen un nivel suficiente de inteligencia emocional para cooperar bien con los demás. Pero a menudo es aquí donde radica el problema.

He optado por abordar la gestión de los poseedores de altas capacidades y de los poseedores de muy altas capacidades identificados por los test centrándome en los que se integran con facilidad y tienen éxito, los *super achievers* (supertriunfadores): los que piensan y actúan con rapidez, tienen una gran capacidad de trabajo y generan la mayor cantidad de resultados. Personas que parecen invulnerables, pero cuyo rendimiento extremo y características especiales pueden obstaculizar su progreso en una organización. Y exponerlos a graves problemas.

Algunos empresarios abusan de estas personas que asumen cualquier reto sin pedir reconocimiento ni apoyo. La presión que ejercen sobre ellas para superar los límites de lo posible las agota y puede llevarlas a perder lo que las hace fuertes. Para los demás, descifrar las actitudes de esas personas es la clave para apoyarse plenamente en su talento.

Mi propósito es entender el comportamiento de las personas con altas capacidades en el trabajo para ayudar a quienes trabajan con ellas a funcionar bien y producir así inteligencia global y rendimiento colectivo. También sugiero pistas para identificarlas, contratarlas, apoyarlas en su desarrollo y retenerlas.

Mientras los empresarios intentan seducirlos, esos antiguos «primeros de la clase» se muestran ahora reacios a unirse a una organización que pueda frenarlos. Prefieren crear su propia *start-up* y dedicarse a un proyecto que tenga sentido. Si se incorporan a una empresa tradicional, suele ser el tiempo necesario para adquirir una experiencia que les servirá para otra cosa.

Aunque se basa en parte en las investigaciones de neurocientíficos y psicólogos, este libro es sobre todo un libro de gestión empresarial, basado en veinticinco años de experiencia en la dirección general de empresas y en el desarrollo de prácticas de *management*. A partir de los testimonios de treinta personas con altas y muy altas capacidades [7] y de sus jefes, directores de recursos humanos y altos directivos, presenta las trayectorias profesionales de mujeres y hombres, de entre 25 y 62 años, de diversos orígenes sociales y organizaciones. La mitad de ellos dejaron la

---

7. Entrevistas realizadas entre octubre de 2018 y marzo de 2019 a 30 profesionales (miembros de Mensa, padres de niños precoces, directivos y equipos con personas con altas capacidades). A los primeros se les pidió que resumieran sus trayectorias educativas y profesionales, detallando el contexto en el que habían rendido mejor en el trabajo y el que les había limitado o hecho sufrir. Y se pidió a los directivos y a los equipos con personas con altas capacidades que describieran lo que les había marcado en la relación con sus colaboradores superdotados y cómo se sentían respecto a su comportamiento específico.

empresa porque no habían logrado encontrar su lugar, pero después de haber tenido experiencias memorables.

Además, también me baso en las publicaciones de referencia sobre quienes poseen altas capacidades, las neurociencias y el *management*[8]. Este enfoque en las personas con aptitudes excepcionales pretende ser una guía para cualquier persona que quiera aprovechar al máximo su capital humano. Cada persona aporta un talento único a su organización. Si algunas personas lo han desarrollado antes de comenzar su vida profesional, otras nunca se han visto en la tesitura de hacerlo. La empresa puede en tal caso ayudarlas, ignorarlas o destruirlas.

Términos como directivo, director, jefe y superdotado se utilizan en masculino genérico. Obviamente, se refieren tanto a las mujeres como a los hombres.

---

8. Las referencias de las publicaciones figuran en la bibliografía.

PARTE I

PERSONAS CON ALTAS CAPACIDADES Y EMPRESA

Para bien o para mal

La persona con altas capacidades rara vez deja indiferente a nadie. Intriga, fascina o perturba. Sus interacciones con los demás pueden ser simples o muy complejas.

Investigadores, psicólogos y otros expertos —cuyas opiniones no siempre son homogéneas— tratan de ponerle nombre a estas personas brillantes. A su fértil imaginación debemos: precoz, superdotado, con altas capacidades intelectuales, con altas capacidades emocionales, con altas capacidades a secas, con un elevado cociente de inteligencia, mentalmente supereficiente, atípico, multipotencial, talentoso…

Incluso se les da el nombre de un animal, la cebra, que, a diferencia de su primo el caballo, no puede ser domesticado y cuyas rayas ahuyentan a los insectos dañinos que vuelan a su alrededor y, por tanto, la protegen de ellos. Todo esto demuestra lo difícil que es considerar a las personas con altas capacidades como un ser humano común y corriente.

Para encajar, la mayoría de quienes tienen altas capacidades se esconden, se adaptan y se limitan hasta el punto de reprimir su verdadera naturaleza. Otros no serán conscientes de su condición de superdotados durante toda su vida, toda vez que los estereotipos que rodean este concepto dan una imagen muy alejada de lo que realmente significa, y podrán sufrir sus consecuencias sin comprender lo que sucede.

La relación con los sistemas normativos es un reto: empieza en la escuela y continúa en la empresa. Puede ser una relación armoniosa o una imposible. Aunque son pocas las empresas que declaran abiertamente su necesidad de contar con perfiles con las características de los superdotados, estos son útiles en todas las organizaciones. Esto es aún más cierto hoy en día porque, para hacer frente a los retos económicos, tecnológicos y competitivos, es peligroso no integrar a empleados que posean la agilidad necesaria para acompañar la transformación de las empresas y organizaciones. Sin embargo, la gestión de los empleados que se salen de lo normal puede ser complicada y, a veces, aterradora.

Esta primera parte aborda cómo se expresan las personas con altas capacidades en la empresa y propone elementos para construir una relación eficaz con ellas.

1

EL VALOR AÑADIDO DE LAS PERSONAS CON ALTAS CAPACIDADES EN LA EMPRESA

«No se resuelve un problema con las mismas formas
de pensar que lo han creado.»
Albert Einstein

Acabar con los estereotipos asociados con los «superdotados»

La persona con altas capacidades no es necesariamente el hombrecito con gafas que resuelve con 5 años de edad la ecuación $E = MC^2$. No siempre se le dan bien las matemáticas. No es necesariamente un genio, ni un niño. Puede ser tímido y a veces incluso parecer estúpido. Físicamente, no hay nada que lo distinga de los demás, aunque a menudo se vista con un estilo un poco atípico.

Como adulto, no necesariamente se gradúa en instituciones de prestigio. No están «condenados» a descubrir la teoría de la evolución de las especies, a recoger premios Nobel o a convertirse en presidente de la República con 40 años. No todos los superdotados crean Microsoft, Apple, Tesla, Facebook o Amazon. Si lo hicieran, el mundo sería un lugar muy diferente. Nadie elige ser una persona con altas capacidades. Uno nace así y, en tal caso, tiene que lidiar con sus características excepcionales toda la vida. Además, el origen sería, en parte, hereditario.

¿El cerebro supereficiente es realmente diferente?

La ciencia analiza ahora algunos de los parámetros de esta hiperinteligencia para entender cómo se construye, pero sin poder explicarlo todo, y con una pregunta latente: ¿se transmite la superdotación?

Las investigaciones llevadas a cabo por equipos multidisciplinares[9], facilitadas ahora por el desarrollo de las IRM (imágenes por resonancia magnética), permiten determinar las especificidades neuroanatómicas y localizar activaciones cerebrales particulares en

9. John Duncan y otros, «A Neural Basis for General Intelligence», Science, vol. 289, n.º 5478, julio 2000, págs. 457-460. https://doi.org/10.1126/science.289.5478.457.

Richard J. Haier y otros, «Individual differences in general intelligence correlate with brain function during nonreasoning tasks», Elsevier Science, Intelligence, volume 31, n.º5, septiembre-octubre2 003, págs. 429-441. Kun Ho Lee y otros, «Neural correlates of superior intelligence: Stronger recruitment of posterior parietal cortex», NeuroImage, vol. n.º29, enero 2006, págs. 578-586. https://doi.org/10.1016/j.neuroimage.2005.07.036

P. Shaw y otros, «Intellectual ability and cortical development in children and adolescents», Nature, n.º 440, 2006, págs. 676-679.

Rex E. Jung y Richard J. Haier, «The Parieto-Frontal Integration Theory (P-FIT) of intelligence: Converging neuroimaging evidence», Behavioral and Brain Sciences, Vol. 30, n.º 2, abril 2007, págs. 135-154. https://doi.org/10.1017/S0140525X07001185

Ming Song y otros, «Brain spontaneous functional connectivity and intelligence», NeuroImage, vol. 41, n.º 3, 2008, págs. 1168-1176. https://doi.org/10.1016/j.neuroimage.2008.02.036 Yonghui Li y otros, «Brain Anatomical Network and Intelligence», PLOS Computational Biology, mayo 2009. https://doi.org/10.1371/journal.pcbi.1000395

Jonathan D. Clayden y otros, «Normative Development of White Matter Tracts: Similarities and Differences in Relation to Age, Gender, and Intelligence», Cerebral Cortex, vol. 22, n.º 8, agosto 2012, págs. 1738-1747. https://doi.org/10.1093/cercor/bhr243

Francisco J. Navas-Sánchez y otros, «White matter microstructure correlates of mathematical giftedness and intelligence quotient», Human Brain Mapping, vol.35, n.º 6, septiembre 2013, págs. 2619-2631. https://doi.org/10.1002/hbm.22355

la mayoría de las personas con altas capacidades. Los estudios realizados en una población representativa muestran que ciertas áreas de su cerebro son globalmente más voluminosas. Se ha identificado una red de conexiones bien individualizadas en quienes obtienen muy buenos resultados en los test de inteligencia y permite deducir que el rendimiento intelectual se explica por la rapidez y la eficacia de las conexiones entre las neuronas.

El cerebro del individuo con altas capacidades sería, por tanto, más rápido y global, y estaría más conectado.

Esta hiperconectividad implicaría que filtra poco lo que recibe y trata con la misma importancia toda la información que le llega, ya sea la principal o los anexos. Lo que explicaría por qué hay más agudeza en su percepción de la realidad. Se han formulado hipótesis sobre una correlación entre la hipersensibilidad de los altos potenciales y una vulnerabilidad de la amígdala [10] —una estructura cerebral implicada en el procesamiento de las emociones—, así como entre su creatividad y una implicación «superior» del hemisferio derecho de su cerebro. Hasta la fecha, estos hallazgos no parecen estar confirmados científicamente.

• •

Viaje al centro del cerebro de un superdotado

La investigación sobre los niños con altas capacidades intelectuales destaca cuatro particularidades [11]:

- *La velocidad de transmisión de datos e información durante el esfuerzo cognitivo es mayor. El cerebro, que consume menos gluco-*

---

10. Jeanne Siaud-Facchin, «Quand l'intelligence élevée fragilise la construction de l'identité: comment grandit-on quand on est surdoué?», *Développements*, vol. 3, n.º 6, 2010, págs. 35-42.

11. Extraído de *Je suis surdoué? mais j'ai rien demandé!*, de Anne-Bénédicte Damon, Lulu. com, 2017.

sa que el de otros individuos, es decir, menos energía para realizar tareas cognitivas, se utiliza de forma más eficiente.

- Los dos hemisferios del cerebro se comunican mejor. La información a procesar entre los hemisferios izquierdo y derecho fluye más rápidamente entre las diferentes partes del cerebro.
- El área fronto-parietal es más activa cuando se resuelve un problema en varias etapas. Es el centro del pensamiento divergente y la creatividad.
- La corteza cerebral (materia gris), sede del desarrollo cognitivo del pensamiento abstracto, la atención, la memoria, la planificación y todos los vínculos que unen la cognición y las emociones, se desarrolla de forma diferente. Su dinámica específica de desarrollo podría explicar un mejor procesamiento de la información.

Franck Ramus, director de investigación del CNRS y profesor de la École normale supérieure, dedujo de los resultados de toda esta investigación que el funcionamiento del cerebro es cuantitativamente, y no cualitativamente, diferente, y añadió que «desde el momento en que existen correlaciones entre el CI y determinadas características cerebrales, el hecho de que algunas personas con CI extremos obtengan también valores extremos en las características cerebrales correlacionadas es una necesidad lógica [12]».

Otros expertos señalan diferencias cualitativas. Varias investigaciones —algunas controvertidas— se han llevado a cabo para determinar la heredabilidad de la inteligencia y la base genética del individuo con altas capacidades, incluido el estudio de gemelos separados tras el nacimiento y criados de forma diferente. Aunque la relación entre el nivel intelectual y los factores genéticos parece

---

12. Franck Ramus, «Les surdoués ont-ils un cerveau qualitativement différent?», A.N.A.E., vol. 30, n.º 154, 2018, págs. 281-287.

clara, no hay consenso sobre la evaluación de qué parte de la inteligencia es genética y qué parte se debe al entorno en el que se desarrolla y crece el individuo.

Al final, se demuestra que estas personas poseen ciertas funciones cerebrales que por término medio ofrecen un mayor rendimiento que las demás, y que algunas de estas capacidades se transmiten de generación en generación.

¿Debemos tener miedo del individuo con altas capacidades?

Esta clase de personas causan revuelo. En las empresas, molestan o asustan por su tendencia a expresar opiniones sinceras en todos los ámbitos, a menudo diferentes de las de los demás. La mayoría de las personalidades que han dejado su huella en la historia al hacer descubrimientos que alteraron el orden establecido tenía altas capacidades. También quienes transformaron sectores enteros de la economía en un tiempo récord. Ciertamente, su funcionamiento específico —detallado en el próximo capítulo— les permite ser visionarios, les da la capacidad de cuestionar las certezas y la tenacidad necesaria para llevar a cabo sus ideas a pesar de una montaña de obstáculos.

Sin embargo, algunos de los hombres y mujeres que están detrás de grandes descubrimientos o creaciones no marcan las casillas de las altas capacidades. Lo que no impide que tengan mucho éxito o que sean capaces de cuestionar sus convicciones cuando estas han llegado a su límite.

Además, no basta con tener altas capacidades para conseguir resultados excepcionales. En primer lugar, algunos crecen en un entorno que no les permite revelar o desarrollar sus talentos. En segundo lugar, no todo el mundo tiene el mismo carácter ni está al «mismo nivel» y, sobre todo, la mayor parte de los superdotados no desean hacerse notar. Por lo general, son personas humildes, discretas, rápidas, sensibles, lógicas y creativas que no siempre tienen la ambición de revolucionar el mundo, sino de mejorarlo. Muchos aspiran a crecer en su forma de vida elegida y son seguidores del lema «Para vivir felices, vivamos ocultos». Si proponen regularmente cambios en su entorno, rara vez es por las intenciones que se les atribuyen, sino para hacerlo más eficiente o mejor. Optimizar es un reflejo natural para ellos.

Algunas personas sienten celos de la aparente facilidad con la que ven que consiguen resultados. Por el contrario, la visión que la sociedad tiene de las personas con altas capacidades puede sugerir que una inteligencia «superior» es sinónimo de dificultad de adaptación, ansiedad o depresión. Esta visión, muy extendida y amplificada por estudios, programas en los medios de comunicación y artículos que a menudo solo tienen en cuenta a los «genios» o a los superdotados que consultan a un psicólogo, solo relata las dificultades existenciales de las personalidades que sufren su desfase, y olvida a los que se adaptan y son generalmente felices. Un estudio de la Universidad Pierre-Mendès-France de Grenoble, realizado entre los miembros de Mensa [13] sobre el estado psicológico de los superdotados de edad avanzada en 2003, reveló que «el estado de superdotación, al menos cuando se reconoce, lejos de ser un factor de fragilidad parece estar asociado a una mayor satisfacción vital». Por tanto, el mito del superdotado maldito se debe probablemente a un problema de muestreo.

A su vez, en España se ha realizado una investigación para averiguar si existe relación **entre el alto nivel de inteligencia y el éxito en la vida, realizado por Noelia Aránega y Tamara Rodríguez sobre el tema:**

---

13. Mensa es una red de personas con altas capacidades intelectuales que cuenta con aproximadamente 133.000 socios en todo el mundo repartidos en 100 países, con organizaciones activas en 40.

«Personas con Altas Capacidades y mundo laboral» [14]

Posición laboral de las personas con Altas Capacidades:

- El 84,3 % de la muestra analizada son personas activas (frente al 58,8 % de la población general).
- El 82,9 % tiene estudios superiores, más de la mitad de los cuales con formación de Posgrado, (frente a un 38,6 % en la población general).
- El 75 % tiene una retribución bruta anual superior a 20.000 € en tanto que el salario bruto medio anual de la población española es de 23.332,80 €, de acuerdo con la Encuesta de Población Activa de 2019.

Niveles ocupacionales de personas con Altas Capacidades:

- Un 6,3 % de la muestra analizada ocupan puestos directivos frente al 3,9 % de la población general.
- Un 16,7 % son mandos intermedios frente al 6,9 % de la población general.
- Un 15,7 % son técnicos frente al 12,9 % de la población general.

Sectores de ocupación:

- El 52,5 % de la muestra se distribuye en tres sectores: Informática y Telecomunicaciones (20,1 %), Servicios a las Empresas (16,4 %) y Educativo (16 %).

El estudio destaca que, en general, el grado de inteligencia es un criterio importante en los procesos de selección.

---

14. Investigación en una muestra de 61 empresarios, directivos y profesionales de RR. HH. (52,5 % en grandes organizaciones y 47,5 % de pequeñas y medianas empresas de todos los sectores), 268 personas con Altas Capacidades (rango de edad entre 17 y 67 años, con una media de 40 años, 63 % hombres y 37 % mujeres) y 5 expertos académicos internacionales.

Si bien es cierto que algunas personas con altas capacidades son propensas a los ataques de melancolía, lo que Winston Churchill llamaba «los ataques del perro negro» [15], no es así en todos los casos. La mayoría de las personas afectadas no son conscientes de su gran potencial. Tienen éxito en la escuela y en su vida profesional y, si se habla de ellas, no es como personas con altas capacidades porque nunca han sido identificadas como tales. Por supuesto, pueden pasar por fases de ansiedad o depresión como todo el mundo. Lo que las hace diferentes es su gran capacidad de resiliencia, a menudo activada desde una edad temprana por un sistema escolar que no está adaptado para la expresión de la singularidad.

Es interesante observar que la forma de ver a las personas con altas capacidades varía de una cultura a otra. En los países de habla inglesa, a los «superdotados» se les llama *«gifted»*, es decir, «dotados». En francés, la adición del prefijo *«sur»* [«sobre» en castellano] sugiere inmediatamente un exceso de inteligencia y, por tanto, un problema o, en todo caso, una diferencia que conviene señalar. A diferencia de la lengua francesa, en castellano el prefijo «super-» no tiene, en el caso de los «superdotados», la misma connotación negativa.

Si no hay más razones para desconfiar de esa clase de personas que de cualquier otro ser humano, es mejor para una empresa contar con ellas que no hacerlo. Su capacidad de innovación, ejercida en otro marco, puede dar lugar a un competidor que nadie pensó que llegaría. Las empresas GAFA [16] y muchas otras creadas por personas con altas capacidades son un ejemplo de ello. La vida era más fácil para muchos cuando Apple era solo una fruta.

---

15. Michael Köhlmeier, *Deux Messieurs sur la plage*, Actes Sud, 2015.

16. Este término se refiere a los «gigantes digitales», originalmente Google, Apple, Facebook y Amazon, los actores globales de Internet.

Así que, en realidad, lo que salga de una relación con esta clase de personas no dependerá solo de las características de uno de los protagonistas, sino de lo que cada uno aporte a la misma.

•••

El caso Cambridge Analytica: el superdotado que sabía demasiado

Christopher Wylie, exempleado de la empresa de comunicación estraté-gica, revela el robo de datos de 50 millones de usuarios de Facebook, que se utilizaron para manipular los resultados de las elecciones estadouni-denses.

Los cuatro indicadores que muestran que el denunciante era alguien con altas capacidades son:

- *un estilo original y a veces provocador;*
- *escolarización complicada por la dislexia;*
- *el hecho de que aprendiera por sí mismo con 19 años a programar y luego consiguiera entrar en la prestigiosa London School of Econo-mics, lo que sugiere una extraordinaria capacidad de aprendizaje;*
- *su capacidad de inventar un método eficaz para maximizar el éxito de un partido político basándose en estudios de personalidad, lo que dio origen a Cambridge Analytica.*

¿Sus altas capacidades lo hicieron manipulable? Probablemente, Christopher Wylie era sensible a la estrategia de sobrevaloración puesta en marcha por su mánager —el cerebro en la sombra de Donald Trump— cuando le dio total libertad para experimentar con sus ideas, viajar al fin del mundo y multiplicar los encuentros políticos gratificantes.

Liberado de sus garras, recupera el sentido de la ética al optar por denunciar las prácticas de su antiguo empleador.

•••

Supereficiencia intelectual y problemas de aprendizaje

La supereficiencia no protege frente a problemas de aprendizaje como el TDAH [17], la dislexia, la discalculia, la disgrafía, la disortografía o la disfasia.

Aun siendo habitual establecer alguna clase de vínculo entre los individuos con altas capacidades y este tipo de problemas, los estudios no confirman que estén más afectados que otras personas por este tipo de problemas. Por otro lado, es cierto que la búsqueda de una solución a un trastorno de este tipo detectado en la escuela lleva a contactar con un profesional que, en la consulta, puede descubrir al niño con altas capacidades.

En los Estados Unidos, a las personas que combinan la fuerza intelectual con una debilidad o dificultad concomitante se las denomina «*twice exceptional*». A pesar de su inteligencia, tienen dificultades para completar sus estudios y obtener diplomas acordes con sus capacidades reales porque los sistemas escolares están diseñados principalmente para personas capaces de un aprendizaje «normal». Esto puede hacer que más adelante, en su carrera profesional, se sitúen en puestos que se hallan muy por debajo de sus capacidades y que sufran por ello.

Albert Einstein, cuya formación fue atípica en comparación con la de los grandes científicos que fueron sus contemporáneos, arremetió contra los métodos rígidos de enseñanza: «Todo el mundo es un genio. Pero si juzgas a un pez por su capacidad para trepar a un árbol, se pasará la vida pensando que es estúpido».

---

17. El TDAH (trastorno por déficit de atención con o sin hiperactividad) afecta al comportamiento y la atención. Se calcula que lo padecen entre el 4 % y el 6 % en los niños, pudiendo resolverse en el 35 % de los casos. Este trastorno se manifiesta con dificultades de concentración, impulsividad y una agitación casi constante. Los niños que padecen este trastorno son propensos al fracaso escolar cuando no son supervisados por los profesores o lo son de forma deficiente.

La supereficiencia no protege de nada: ni de las dificultades de aprendizaje ni de la depresión ni de la enfermedad. Una persona con altas capacidades que no está bien, somatiza y puede enfermar rápidamente. Tampoco son inmunes a la estupidez. Algunos de ellos cometen enormes errores. De hecho, lo que caracteriza a esta clase de personas es su tendencia a vivir y reaccionar intensamente.

Adaptarse a la norma sin perder la identidad

Hay culturas que son más o menos acogedoras para los individuos fuera de lo normal. La forma en que los famosos declaran su nivel intelectual es indicativa de ello. Mientras que en los Estados Unidos anuncian sin complejos su alto cociente intelectual, en Francia no se jactan de ello. Dependiendo del entorno en el que se desarrollen, los individuos con altas capacidades pueden tener una vida simple o compleja. Su principal reto es lidiar a diario con las reacciones de quienes les rodean ante la manifestación de sus cualidades «fuera de lo normal».

Las miradas bondadosas pueden ejercer sobre ellos una presión que no están dispuestos a soportar. Este es el caso de los niños cuyas altas capacidades se detectan cuando son muy pequeños. Empujados al mundo de los adultos con demasiada rapidez, no están emocionalmente preparados para afrontarlo.

Las miradas poco amables, que provocan rechazo o acoso, pueden hacer que se rebelen, a veces de forma violenta, o que empequeñezcan para evitar que se fijen en ellos.

Si se libera de la sociedad, le resultará difícil integrarse en ella. Vivirá entonces como un ermitaño o rodeado de personalidades originales, que comparten el reto diario de tener que manejar su diferencia. Si, por el contrario, se mezcla con la masa para ser aceptado, no expresa su personalidad más profunda y limita sus aptitudes. Jugar al camaleón le cansa y puede acarrear problemas a largo plazo.

La tercera vía es asumir la propia diferencia y vivir bien sea cual sea el contexto, desprendiéndose de la mirada de los demás para existir como individuo sin dejar de estar conectado a los otros. En las empresas, las personas con altas capacidades se enfrentan a una realidad en la que es difícil ignorar la mirada de los demás porque el instinto de rebaño puede ser muy fuerte. Por lo tanto, evolucionan en una tensión más o menos fuerte en función de la cultura, la organización y, sobre todo, las prácticas de gestión que prevalecen en ellas.

Rodearse de personas con altas capacidades: para transformarse, para sobrevivir

Esta clase de personas están «de moda» porque las empresas las necesitan más que nunca para hacer frente a los retos que se les plantean. Retos que convierten en oportunidades cuando su entorno profesional les permite activar sus aptitudes.

Triunfar en un mundo que cambia rápidamente

El periodo actual está marcado por tres fenómenos que se suman y se sostienen mutuamente: la digitalización de la economía, que trastorna los modelos establecidos, la globalización de los mercados, que crea complejidad, y la ruptura de la cadena de valor, que transforma el trabajo. Para algunas empresas, se trata de sobrevivir en un mundo que está sufriendo una profunda y rápida agitación económica, financiera, tecnológica y competitiva. Para otros, el reto es seguir innovando para crecer.

En todos los casos, los modelos se ponen en tela de juicio. Los actores disruptivos están creando situaciones competitivas sin precedentes. Mientras que los sectores de los medios de comunicación, las telecomunicaciones, los servicios financieros, la distribución y los seguros llevan años inmersos en su transformación digital, sectores que antes estaban protegidos ahora también se ven afectados (transporte, industria, sanidad, educación, etc.).

La globalización amplía el campo de juego, da lugar a nuevas marcas globales y añade complejidad debido a los mecanismos interculturales que implica. Entender las particularidades, los puntos fuertes y los puntos débiles de las áreas en las que opera la empresa requiere una gran agilidad y apertura de miras. Para funcionar bien en semejante contexto, es esencial encontrar constantemente el equilibrio adecuado entre lo global (lo mismo en todos los mercados) y lo local (lo específico de cada mercado).

La ruptura de la cadena de valor, formada por todas las actividades que hacen posible la creación de un producto o servicio, cambia el alcance de las responsabilidades. Ya no se detienen en las puertas de la empresa. La eficacia de la nueva cadena depende de la coordinación de cada uno de los actores implicados y de su capacidad para entender su posición y cómo trabajar con los demás.

Ninguna estructura está a salvo de desaparecer por no haber conseguido adaptarse. Ni tampoco puede prescindir de empleados capaces de acompañar este profundo cambio en los métodos de funcionamiento.

Pensar con originalidad para afrontar el reto digital

Están surgiendo nuevos puestos de trabajo. Las funciones tradicionales están cambiando, liberando a los empleados de tareas repetitivas que poco a poco están siendo asumidas por las máquinas. Los estudios prevén que al menos el 40 % de los puestos de trabajo se verán fuertemente afectados por la tecnología digital. Es una forma suave de decir que algunos desaparecerán.

A medida que avanza el *big data*, los algoritmos en los que se introduce un volumen de datos cada vez mayor se vuelven más eficientes. La máquina está sustituyendo al ser humano en tareas de bajo valor añadido. También se está imponiendo en otras tareas infinitamente más complejas, porque se está volviendo más fiable que los humanos. Atrás quedan los controladores, los directores financieros, los directores de recursos humanos, los responsables de marketing y los servicios de atención al cliente que no podrán adaptarse reorientando sus aptitudes a la parte que los robots no pueden sustituir.

Para seguir siendo líder en un mundo digital, pensar de forma innovadora es la única manera de anticiparse a los cambios en el negocio, los procesos y los estilos de trabajo. Gracias a su capacidad de adaptación e innovación, las personas con altas capacidades pueden desempeñar un papel clave en este proceso de cambio.

Liderar el cambio: la clave de la perdurabilidad

Todos los actores implicados en la transformación de las empresas, ya sea en sus propias estructuras o como asesores externos, destacan que la adaptación de una organización a un mundo digital depende más de las personas que de la tecnología. Lo que marca la diferencia es la capacidad de definir y compartir una visión estratégica y de poner en marcha las condiciones para que todos integren la tecnología digital e innoven.

La integración de la tecnología pone en tela de juicio las formas tradicionales de trabajo y tiene un profundo efecto en la organización y la cultura de la empresa. Es grande la tentación de tratar de impulsar el cambio aplicando modelos prefabricados que ofrecen recetas atractivas. Aunque es posible encontrar inspiración en ellas, cada solución sigue siendo única y solo es eficaz si se aplica correctamente sobre el terreno. El éxito de una transformación depende, pues, de la capacidad de los equipos para entenderla, gestionarla y apoyarla.

Los individuos con altas capacidades, que disfrutan resolviendo problemas irresolubles, se esfuerzan por alcanzar la excelencia en la ejecución y se complacen si avanzan implicando a los demás, están bien dotados para pensar y aplicar una transformación.

••

Siete claves para hacer el cambio digital

Según el estudio realizado por ESCP Europe con Netexplo [18], en las empresas con un alto nivel de madurez digital aparecen siete tendencias:

- Meaning: *los empleados entienden el propósito de lo que se les pide.*
- Interdisciplinary: *el sistema de silos desaparece.*
- System thinking: *todos comprenden la cadena de valor completa desde una perspectiva sistémica. Se reducen los niveles jerárquicos.*
- Focus: *los individuos son persistentes y tenaces, el líder mantiene un principio rector y sabe cuándo continuar o, por el contrario, cuándo parar.*
- Imagination: *la creatividad se manifiesta. Es crucial para la sostenibilidad de una organización.*
- Trust: *la confianza libera las energías. La dirección se vuelve auténtica y abierta a las ideas de sus equipos.*
- Sharing: *las organizaciones comparten su ecosistema, sin querer integrarlo todo. Gestionan la cooperación a largo plazo con recursos escasos, que en parte son externos a la empresa.*

••

---

18. Estudio realizado por ESCP Europe con el observatorio Netexplo sobre la evolución del talento en la era digital, presentado por Franck Bournois en febrero de 2018 en la UNESCO.

Nombrar a personas con altas capacidades para determinados puestos clave: una necesidad

La calidad del liderazgo influye en el crecimiento

En la economía actual, el crecimiento sigue siendo el Santo Grial de la estrategia empresarial. Las empresas de alto crecimiento aportan más valor a los accionistas que la media. También son las que tienen más probabilidades de sobrevivir (cinco veces más que las demás).

No cabe duda de que la calidad de la dirección de una empresa influye en su crecimiento. La presencia de perfiles con altas capacidades en los equipos de dirección también está correlacionada. Así lo han demostrado Egon Zehnder (búsqueda de ejecutivos) y McKinsey (consultoría estratégica) en su estudio conjunto *Return on Leadership*, que relaciona el crecimiento de la facturación de las empresas en diez años con el nivel de competencias de los líderes. También mide cómo impacta en el desarrollo el número de quienes obtienen puntuaciones máximas en los equipos de dirección (*Spiky Leaders*).

A través de la aplicación de diferentes habilidades en su trabajo, el estudio puntúa a 5.000 líderes de 47 países en una escala de 1 a 7 (puntuación máxima). Las competencias evaluadas incluyen la perspicacia empresarial, que se traduce en una orientación a los resultados y la capacidad de comprender las necesidades del cliente, pero también las competencias de liderazgo y gestión, que implican la capacidad de colaborar, influir, dirigir un equipo, anticiparse e impulsar el cambio. Por último, incluyen la visión estratégica, que se expresa mediante la comprensión de las tendencias del mercado y la capacidad de responder con soluciones verdaderamente innovadoras.

Los directivos con las puntuaciones más bajas en una competencia tienen comportamientos reactivos en relación con su entorno y los que tienen puntuaciones medias muestran comportamientos más activos. Solo los clasificados entre 6 y 7, los *Spiky Leaders*, son proactivos y capaces de pensar y liderar una transformación. La evaluación del nivel de crecimiento de las empresas estudiadas tiene en cuenta la parte orgánica, su ganancia de cuota de mercado, y también su crecimiento mediante adquisiciones.

· ·

El fabuloso impacto de los Spiky Leaders *sobre el crecimiento*

Diferencias de competencias entre el 25 % de las empresas con mayor rendimiento y el 25 % con menor rendimiento en materia de crecimiento

Crecimiento externo	Diferencias de puntuación		
Crecimiento neto (CA) alcanzado por operaciones de adquisición o de cesión	**Liderazgo vinculado a la visión**	Orientaciones estratégicas	0,4
		Conocimiento del mercado	1,2
	Liderazgo vinculado a la actividad	Orientación al cliente	0,8
		Orientación a los resultados	0,6
	Liderazgo vinculado a la organización	Colaboración e influencia	0,4

Para obtener un crecimiento superior a la media, las empresas deben contar con un umbral crítico de dirigentes dotados de competencias excepcionales

Para formar parte de...	Tipo de crecimiento	Competencia (ejemplo)	Umbral
50 % de las empresas con mejores resultados en términos de crecimiento	Volumen de negocio	Orientación al cliente	19 %
	Dinámica de la cartera	Colaboración e influencia	22 %
25 % de las empresas con mejores resultados en términos de crecimiento	Volumen de negocio	Orientación al cliente	40 %
	Dinámica de la cartera	Colaboración e influencia	22 %

Fuente: *Return on Leadership* - ©Egon Zehnder International and McKinsey & Company Inc.

Los resultados del estudio muestran una correlación entre el número de líderes fuera de lo normal en un comité ejecutivo y el rendimiento de la empresa, destacando tres competencias indispensables para generar crecimiento:

- la capacidad de comprender las necesidades del cliente,
- la orientación a los resultados,
- la capacidad de captar los datos y la evolución del mercado.

En cualquier entorno que examinemos, estas tres habilidades marcan la diferencia. Y resulta que son las competencias que demuestran la mayoría de los individuos con altas capacidades en los negocios. Esto los posiciona como socios eficaces en cualquier estrategia de crecimiento.

Líderes que impulsan la innovación y la transformación

El líder con altas capacidades crea equipos que aportan innovación, pero también trabaja con ellos para entender lo que podría amenazar a su empresa y planea acciones para evitarlo. Los actores digitales lo han integrado perfectamente y no escatiman en recursos para posicionarse en los puestos de dirección.

....

Testimonio de persona con altas capacidades

Diana, directora de ventas

«Únicamente al entrar en una empresa de rápido crecimiento en el sector digital he obtenido la mejor satisfacción profesional. Me contrataron sin ninguna experiencia en el sector para ocupar un puesto muy bueno con una perspectiva internacional. Abundaban los superdotados. Me sentía muy cómoda allí.»

....

Mezclar en los comités ejecutivos *Spiky Leaders* y directivos «normales»

El estudio *Return on Leadership* destaca el hecho de que muy pocos líderes alcanzan las puntuaciones que reflejan una proactividad real y la capacidad de conducir con éxito una transformación. Como resultado, solo el 1 % de los líderes de las empresas evaluadas son líderes fuera de serie, la mitad de la proporción de individuos con altas capacidades en la población mundial. La mayoría de los otros líderes pueden ser extraordinarios en algunas competencias, pero estar muy por debajo en otras.

Solo el 17 % obtiene una puntuación alta en más de la mitad de los criterios.

Además, para marcar la diferencia en términos de crecimiento, a la empresa le interesa componer su comité ejecutivo mezclando perfiles capaces de aportar competencias muy marcadas, a los que denomina *Spiky Leaders* —aunque no sean excelentes en todo—, y perfiles relativamente normales. Esta combinación genera más rendimiento que la elección de perfiles homogéneos en todos los aspectos.

Invertir en el desarrollo de quienes tienen altas capacidades lo antes posible

Garantizar la cohesión del talento en los equipos de dirección

Conseguir que los *Spyky Leaders* mejoren sus puntos débiles es complejo y requiere mucho tiempo. Es necesario identificarlos cuanto antes e invertir en su desarrollo en una fase temprana para beneficiarse plenamente de su valor añadido.

Otros enfoques [19] que intentan relacionar los niveles de inteligencia con la calidad del liderazgo se basan en indicadores diferentes al del rendimiento aportado, como el liderazgo percibido por los demás. Sus conclusiones pueden sugerir que una brecha intelectual demasiado grande entre el cociente intelectual de un líder y su equipo es perjudicial para la eficacia del liderazgo.

De las conclusiones divergentes de todos estos trabajos se puede deducir que basarse únicamente en modelos racionales para componer un equipo es peligroso. Esto es especialmente cierto en un mundo que cambia rápidamente y en el que los puntos de referencia tradicionales sobre las habilidades necesarias para liderar con éxito pueden saltar en pedazos.

El éxito depende, pues, del contexto y de las competencias de cada uno, pero también y sobre todo de la capacidad de los individuos para cooperar bien. Por lo tanto, el reto de una empresa que quiere crecer es, sobre todo, asegurarse de que su equipo directivo tiene la mejor combinación posible de talentos para que puedan complementarse y potenciarse mutuamente.

---

19. John Antonakis, Robert J. House, Dean Keith Simonton, «Can super smart leaders suffer from too much of a good thing? The curvilinear effect of intelligence on perceived leadership behavior», *Journal of Applied Psychology*, vol. 102, n.º 7, julio de 2017, págs. 1003-1021.

Este trabajo a largo plazo requiere la creación previa de un clima de confianza, pero sobre todo la expresión de las *soft skills*, es decir, las cualidades humanas y relacionales, las habilidades interpersonales, la inteligencia emocional... Todo lo que permite a los individuos de un equipo comunicarse bien y trabajar juntos.

Los líderes con altas capacidades, debido a que funcionan de manera diferente a los demás, a menudo necesitan ser entrenados en el desarrollo de sus habilidades interpersonales.

Identificar a todos los individuos con altas capacidades de la empresa lo antes posible

Además de reunir un buen equipo directivo, a la empresa le interesa identificar desde el principio a los superdotados en todos sus equipos. Sin un proceso de identificación activo, la empresa corre el riesgo de desaprovechar las aptitudes valiosas y ocultas de personas que a menudo son humildes y discretas.

Activar sus aptitudes implica crear las condiciones adecuadas para su desarrollo: cultura empresarial, responsabilidades y proyectos encomendados y, sobre todo, un equipo directivo con capacidad de gestión. Este último punto es crucial para beneficiarse plenamente y de forma sostenible de su valor añadido.

Crear las condiciones para que todos cooperen

Más allá de la suma de los esfuerzos realizados por sus equipos de RR.HH. y la dirección para apoyar el desarrollo de las competencias individuales, la empresa de éxito sabe aprovechar al máximo todos sus recursos humanos.

Esto pasa por conseguir que personalidades ciertamente diferentes, pero sobre todo complementarias, trabajen juntas.

Señalar las especificidades de las personas con altas capacidades puede convertir sus activos en una desventaja. La categorización encierra al individuo en un modelo de funcionamiento del que resulta difícil escapar. Sin embargo, entender las diferencias de comportamiento de los individuos de un equipo o de una organización ayuda a engrasar las ruedas y facilitar las interacciones.

Estamos seguros de que comprender cómo trabajan las personas con altas capacidades en las empresas evita juicios de valor precipitados. También es una oportunidad para construir una cultura en la que equipos compuestos por personalidades diferentes consigan «ganar» juntos.

En resumen

Los estereotipos que rodean a los «superdotados» son tenaces porque se basan en el estudio de solo una pequeña parte de esta población, la que cuentan los psicólogos y de la que se hacen eco los medios de comunicación: por un lado, los genios, por otro, los que sufren.

El resto de la población con altas capacidades pasa «inadvertida para el radar» porque suele tratarse de personas discretas, aunque originales, rápidas y ágiles.

En la empresa, estos perfiles se convierten en clave en todos los contextos que requieren pensar de forma diferente, transformar, optimizar y acompañar el cambio. Estos empleados son valiosos, pero no siempre son fáciles de identificar o gestionar. Sin embargo, para tener éxito colectivamente contando con ellos, es esencial articular sus aptitudes específicas con las de todos los demás empleados. A todos los niveles.

Las empresas que sean capaces de aceptar la diversidad cognitiva y de invertir pronto en el desarrollo armonioso de las interacciones entre todos los empleados clave tendrán una ventaja competitiva significativa y duradera.

2

DETECTAR A QUIEN TIENE ALTAS CAPACIDADES EN UN EQUIPO

Obi-Wan Kenobi: Tus ojos pueden engañarte, no confíes en ellos.

Han Solo: Este tipo está loco.

Obi-Wan Kenobi: ¿Quién es más loco, el loco o el que sigue al loco?

George Lucas, *La guerra de las galaxias* (*Star Wars*, 1977)

Ahora que se ha establecido la importancia de identificar rápidamente al individuo con altas capacidades, es el momento de hacer un balance de las formas en que los líderes, gerentes o directores de RR.HH. pueden hacerlo para tener éxito.

El valor de las pruebas para identificar a los individuos con altas capacidades

Hoy en día, aunque esta visión es imperfecta, se considera a los superdotados principalmente como personas con un alto cociente intelectual. Además, lo confirman las pruebas de inteligencia. Sin embargo, el alto cociente intelectual es solo una forma de expresión de las altas capacidades. Según algunos expertos, existen limitaciones a la hora de realizar un diagnóstico únicamente sobre la base de estas pruebas.

....

¿Y la inteligencia emocional?

La mayoría de las publicaciones sobre la superdotación se ocupan exclusivamente del cociente intelectual (CI) y muy poco del cociente emocional (CE). Menos conocido, este concepto de inteligencia que se basa en la gestión de las emociones fue popularizado en 1995 por Daniel Goleman. En los negocios, la inteligencia emocional es un poderoso marcador del rendimiento, a veces mucho más que el cociente intelectual.

Las cualidades que indican un alto cociente emocional son:

- *La conciencia de sí mismo y la capacidad de comprender las propias emociones;*
- *el autocontrol;*
- *la motivación interna;*
- *la empatía;*
- *las habilidades sociales.*

Tener altas capacidades intelectuales o altas capacidades emocionales son dos formas diferentes de tener un talento excepcional. Estos últimos tienen una capacidad excepcional para el liderazgo, el management y las relaciones interpersonales.

Mientras algunas personas con altas capacidades tienen tanto un alto CI como un alto CE, otras se saldrán de la norma solamente en una de las dos dimensiones y tendrán que trabajar en el desarrollo de la que les falta para tener éxito.

....

El cociente intelectual sigue siendo la referencia en materia de inteligencia, aunque solo sea una manifestación parcial de la misma, ya que sigue siendo el indicador más fiable y, por tanto, el más relevante. Las demás manifestaciones de la inteligencia, especialmente el cociente emocional —que es una necesidad para la adaptación—, no se miden con la misma fiabilidad. De hecho, aunque existen pruebas para evaluar el cociente emocional de un individuo, los resultados obtenidos varían considerablemente en función del estado del individuo en el momento de la prueba.

Por lo tanto, la superdotación podría manifestarse de muchas maneras. Los trabajos de Howard Gardner, profesor, psicólogo y neurólogo estadounidense, recogen nueve formas de inteligencia: verbal y lingüística, musical, lógico-matemática, visual-espacial, corporal-cinestésica, interpersonal (la capacidad de relacionarse con los demás), intrapersonal (la capacidad de tener una buena conciencia de uno mismo), naturalista, y existencial-espiritual.

Test psicométricos para la evaluación de la inteligencia

Los instrumentos de referencia para medir la inteligencia son los que creó el psicólogo estadounidense David Wechsler en 1939. Revisados y adaptados periódicamente, se calibran en función del país, así como de las diferencias culturales y lingüísticas.

En el caso de los adultos, se trata del test WAIS IV (Escala Wechsler de Inteligencia para Adultos), que, a través de varios subtest, evalúa varias habilidades:

- La comprensión verbal, que combina el razonamiento verbal y el vocabulario;
- la memoria de trabajo, que se utiliza para retener el enunciado de un problema durante unos minutos y realizar cálculos sobre sus datos;
- El razonamiento perceptivo, que permite la solución de nuevos problemas;
- la velocidad de procesamiento, que es la velocidad con la que se pueden realizar tareas sencillas.

Siguiendo un protocolo estandarizado, este test solo puede ser realizado por un psicólogo formado y certificado para ello. Forma parte de una evaluación psicológica completa que evalúa no solo las capacidades intelectuales, sino también los puntos fuertes y débiles de la construcción de la personalidad. Dadas las cuestiones que están en juego y sus modalidades de presentación, este test no es adecuado para su uso en un contexto de evaluación empresarial.

....

Érase una vez las pruebas de inteligencia...

El test que se encuentra en origen de las herramientas para medir la inteligencia general (el factor g) data de 1905 y se lo debemos al psicólogo de Niza Alfred Binet. Estudiando las aptitudes medias por edades de una cincuentena de alumnos, identifica a los niños que sufren una insuficiencia intelectual a fin de orientarlos a instituciones especializadas. El carácter pragmático del test lo convierte en una referencia mundial. No tarda en ampliarse a los adultos. En 1912 aparece la noción de cálculo de un «cociente intelectual» (CI).

Utilizados en Ellis Island, las pruebas de inteligencia ayudan a identificar la deficiencia mental en los inmigrantes que llegan a los Estados Unidos. En el ejército, se utilizan para probar la destreza con las armas de los futuros soldados y su capacidad para ocupar puestos de importancia.

En 1939, David Wechsler publicó una batería de pruebas que reunía los mejores métodos de medición de la época. La inteligencia se define como «la capacidad global o compleja del individuo para actuar con un propósito, pensar racionalmente y relacionarse de forma útil con su entorno».

El resultado de la evaluación se convierte en un índice que sitúa a la persona en relación con su grupo de edad de referencia. Se expresa como nivel de CI y como «rango percentil», es decir, el porcentaje de individuos que obtienen mejores o peores resultados en cada prueba. Por ejemplo, un CI de 130 es el CI del 2,15 % de la población y un CI de 145 corresponde al 0,135 % de la población.

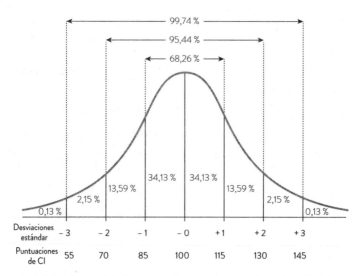

Distribución normal de las puntuaciones de CI (según la curva de Gauss)

Fuente: *Sense and nonsense about IQ*, Charles Locurto, Ed. Praeger, Nueva York, 1991.

Esta prueba sigue siendo la referencia hoy en día.

· ·

Otro actor mundial ofrece pruebas que se hacen de forma autónoma para identificar al superdotado. Se trata de la asociación Mensa, la asociación de personas de alto cociente intelectual, que utiliza estas herramientas para reclutar a sus miembros.

· ·

Cómo entrar en la «escuela de magos» de los superdotados

Los lectores de Harry Potter encontrarán similitudes entre Hogwarts [20] y Mensa, la red de personas con altas capacidades fundada en Oxford tras

---

20. Hogwarts hace referencia al colegio creado por J.K. Rowling en su saga de Harry Potter, al que solo pueden acceder los niños que tienen «poderes» mágicos. Este lugar dedicado a ellos les protege del juicio de los *muggles*, los «normales», que no son amables con ellos.

la Segunda Guerra Mundial para poner la inteligencia al servicio de la sociedad.

Los miembros de la asociación encuentran un entorno social estimulante en el que compartir sus pasiones, intercambiar y enriquecerse mutuamente. El clima pretende ser benévolo para fomentar las contribuciones que tienen un impacto positivo en el mundo, pero también para permitir que se exprese libremente una población habitualmente maltratada por una sociedad que favorece no salirse de lo normal.

No se entra en Mensa partiendo desde el andén 9 ¾ [21], sino haciendo pruebas de razonamiento lógico que «validan» a los candidatos que entran en el 2 % de la población que obtiene las puntuaciones más elevadas.

Aquellos que no superen las pruebas pueden intentar ingresar en la asociación demostrando su condición de superdotados mediante los resultados de pruebas psicométricas más exhaustivas realizadas bajo la supervisión de un psicólogo.

Mensa está presente en España desde 1984 y tiene 2.200 socios. Esta presente también en algunos países de América Latina (Brasil, México y Argentina).

¿Cuál es el beneficio de las pruebas en la empresa?

La empresa invierte en herramientas de evaluación para identificar a las personas que poseen la inteligencia, la personalidad y las capacidades de aprendizaje necesarias para generar rendimiento y/o para ocupar puestos clave.

---

21. El andén 9 ¾ es el andén del tren Hogwarts Express, al que solo pueden acceder los magos para llegar a su colegio. Este famoso andén se ha materializado ahora en la estación de King's Cross, en Londres.

Pruebas de comportamiento predictivo
Un rendimiento superior no solo depende de las habilidades técnicas de un empleado, sino también de su personalidad y sus habilidades interpersonales.

La cuadrícula de los Cinco Grandes (o Modelo OCEAN) se utiliza generalmente para identificar los diferentes tipos de perfiles psicológicos. Se trata de una evaluación de cinco rasgos básicos del carácter que, combinados, dan una idea relativamente fiable de la personalidad: apertura de espíritu, responsabilidad/fiabilidad, extraversión, amabilidad y neuroticismo.

Estas pruebas no permiten hacer un diagnóstico de altas capacidades, ya que este no puede definirse únicamente por un tipo de personalidad. Solo la apertura de miras se encuentra en la mayoría de ellos.

La evaluación de 360 grados
Para completar la evaluación de las capacidades a través de las pruebas, la empresa puede someter a una persona a una evaluación de 360 grados. Consiste en que la persona sea evaluada por su superior jerárquico, sus compañeros y su equipo, así como por ella misma. El objetivo es destacar el potencial de desarrollo de la persona a través de todos los puntos de vista comparados.

Este tipo de evaluación se realiza en forma de cuestionarios que respetan el anonimato de cada persona. Cuantas más personas participen entre su equipo y sus iguales, más objetivo será el resultado.

Centros de evaluación
Estos centros ofrecen métodos de evaluación basados en la observación de las competencias necesarias para tener éxito en un puesto de trabajo según un marco de competencias. Las personas evaluadas son puestas en situación durante varios días para permitir la obser-

vación del comportamiento real. Participan en ejercicios como entrevistas individuales, entrevistas en grupo, presentaciones ante un público y simulaciones de entrevistas difíciles y conflictivas.

Pasar por un centro de evaluación es, en sí mismo, un momento de formación o desarrollo. Al final, el participante recibe información sobre sus puntos fuertes y sus áreas de mejora para poder elaborar un plan de formación adaptado a sus necesidades.

En la detección de capacidades, estos métodos rara vez se utilizan solos, sino combinados entre sí.

....

Testimonio de persona con altas capacidades

Brigitte, Supply Chain Manager

«Me incorporé a una empresa industrial de cultura anglosajona que tenía una política de RR.HH. y unos métodos de gestión excepcionales.

En el momento de la contratación, tras una serie de pruebas de personalidad, el proceso finalizaba con una tarea de grupo, una especie de rompecabezas que había que resolver —y que se hacía delante de un cristal opaco, ante de la directora de Recursos Humanos y la persona que ocupaba el puesto para el cual estaba contratando la empresa. Nos habían informado de su presencia. Me pareció inteligente implicar a la persona que conocía el trabajo en el proceso.

Al final de las pruebas, la directora de Recursos Humanos, que había apreciado mi actitud en el grupo, me hizo volver a hacer las pruebas de personalidad, esta vez pidiéndome que las hiciera a fondo.

Al final, me colocó en un puesto superior al que yo había solicitado inicialmente.

Progresé con rapidez en mi carrera, consciente de que el Grupo alentaba a todas las personas que trabajaban bien a progresar cada dos años. Los directivos estaban acostumbrados a ello y mi jefe me animó a trasladarme en cuanto toqué techo en mi primer trabajo.

....

El objetivo de todas estas evaluaciones en las empresas no es específicamente identificar al individuo con altas capacidades, sino crear una reserva de personas que puedan optar a puestos clave en un futuro próximo.

Las limitaciones de todas estas evaluaciones

Para muchos especialistas, los tests no son instrumentos de medición suficientes. Aunque el WAIS tiene buenas cualidades psicométricas para la mayoría de las personas, no fue diseñado para detectar a los superdotados y, por lo tanto, no es lo suficientemente preciso para evaluarlos adecuadamente. Su calibración, diseñada para representar a la población normal, no proporciona un rango de puntuaciones suficiente para medir adecuadamente el nivel de las personas con habilidades extremas. Alcanza su punto máximo en 160, cuando el cociente intelectual más alto del mundo podría ser tan alto como 250 o incluso 300 [22].

Además, mientras algunos individuos obtienen resultados homogéneos en los diferentes subtest, otros no. Se trata de perfiles heterogéneos para los que la medición a través de un nivel global de CI es inoperante.

· ·

¿Ron Weasley o Harry Potter, Darth Vader o el Maestro Yoda?

Dos psicólogos y un neurocientífico [23] interpretan un estudio de niños con altas puntuaciones de CI distinguiendo entre dos perfiles diferentes, ba-

---

22. Fuente: Douance.org

23. Fanny Nusbaum, Olivier Revol, Dominic Sappey-Marinier, *Les Philocognitifs - Ils n'aiment que penser et penser autrement...*, Odile Jacob, 2018.

sados en la homogeneidad o heterogeneidad de las puntuaciones de los subtest.

Perfil 1: *el laminar, con capacidades cognitivas, psicomotoras y relacionales generalmente en sintonía con su entorno. Tiene un curso de vida adaptado y constructivo, a menos que un trauma lo interrumpa. Constante, sabe moderarse y ocupa su lugar con naturalidad en la sociedad. Su riesgo: que se agote en un contexto al que se sobreadapta. Consejo: animarle a cuidarse, darle libertad y permitirle expresar su creatividad.*

Famosos con este perfil: Astérix, Dora la exploradora, Harry Potter, Merlín el encantador, el Maestro Yoda, Claude Monet, Auguste Rodin, John Fitzgerald Kennedy, Charles de Gaulle, Antoine de Saint-Exupéry, Jacques Attali, Yannick Noah, Hubert Reeves, Náthalie Kosciusko-Morizet, el Dalai Lama.

Perfil 2: *el complejo, heterogéneo, con una potencia de pensamiento, una creatividad y una sensibilidad artística excepcionales. En ocasiones inconsistente en el esfuerzo e irregular en sus capacidades cognitivas y relacionales, con reacciones extremas. Su riesgo: tener dificultades de adaptación. Consejo: tranquilizarlo, acompañarlo en el pleno desarrollo de su potencial a fin de permitirle vivir serenamente con los demás.*

Famosos con este perfil: Tom Sawyer, Heidi, Darth Vader, Leonardo da Vinci, Coco Chanel, Vincent Van Gogh, Pablo Picasso, Salvador Dalí, Wolfgang Amadeus Mozart, Albert Einstein, Napoleón Bonaparte, Winston Churchill, Charles Chaplin, Serge Gainsbourg, Madonna, Amy Winehouse.

••

Por último, sea cual sea su nivel intelectual, las personas pueden rendir menos en los test por muchas razones: estrés, fatiga, medicación, o simplemente porque no están preparadas para aceptar este «diagnóstico» de altas capacidades, con todas las implica-

ciones que ello conlleva. Por ello, el individuo con altas capacidades se define cada vez más teniendo en cuenta elementos como la
capacidad de alcanzar un rendimiento extremo en un campo, la
agudeza de los cinco sentidos, la creatividad, pero también los rasgos de personalidad, los intereses y los valores.

Esto da lugar a perfiles muy variados.

El rendimiento empresarial lo consiguen más fácilmente las
personas que combinan varias formas de inteligencia al mismo nivel. Sucede lo mismo con otras personas si se las coloca en puestos
que correspondan a sus talentos.

Es ilusorio creer que todos aquellos que poseen altas capacidades pueden ser identificados por medio de test y es probable que
algunos nunca sean detectados por dichas herramientas de medición.

Una personalidad paradójica: supereficiente y sensible

Por último, es probablemente la observación del comportamiento
la que proporciona la mejor información sobre el funcionamiento
cognitivo y emocional de los individuos con altas capacidades.

A menudo desentonan con su entorno y sus colegas, y se les
considera muy rápidos y vivaces. Aportan soluciones originales a
problemas que nadie ha identificado todavía. Su necesidad visceral
de entenderlo todo les confiere un agudo espíritu crítico. Pueden
ser percibidos como impacientes, hipersensibles o perfeccionistas.

En la oficina, el individuo con altas capacidades es a la vez
brillante e impertinente, voluble o silencioso, gruñón y capaz de
poner el dedo en la llaga. Parece idealista y preocupado por temas
alejados de la vida cotidiana. Puede parecer ansioso por situaciones
que vive en la empresa y que no molestan visiblemente a otros

empleados. Es muy exigente consigo mismo y, a su vez, con los demás. Tiene un sentido del humor que no siempre se entiende bien.

La gente que le rodea ve que se aburre en las reuniones, dibujando, procesando sus correos electrónicos. Sin embargo, no se pierde nada de lo que se dice. A menudo sale molesto. Durante las horas que pasan, a menudo sin tomar una decisión, siente que ha perdido el tiempo y que se ha retrasado en su trabajo. Seductor, le gustan los retos. Sabe salirse de la norma cuando es necesario y logra alcanzar objetivos inalcanzables. Como gestor, consigue de sus equipos lo que parece imposible. No tiene miedo a nada.

Su actuación no siempre es apreciada. Él mismo no siempre es apreciado. El «muy» a veces se convierte en «demasiado».

Una velocidad, una sensibilidad y una fatigabilidad fuera de lo común

Sus cinco sentidos se agudizan a menudo
Este fenómeno, llamado hiperestesia, se traduce en el hecho de sentir ciertos estímulos externos con más fuerza que la media: ruidos, olores, contactos táctiles, luz, sabores, etc. Esta agudeza de los sentidos abre la puerta a talentos artísticos o relacionales excepcionales, pero también puede afectar la percepción de sensaciones dolorosas, vibratorias, térmicas o táctiles. En estos casos, las sensaciones son tan intensas que los individuos con altas capacidades se ven agredidos por lo que otros pueden tolerar más fácilmente.

Por lo general, son muy sensibles a su entorno profesional. Su comportamiento, malinterpretado, molesta a quienes les rodean.

La persona con altas capacidades es extremadamente rápida
Su ritmo mental es diferente al de los demás. Es frenético. Cuando cree que está siendo lento, lo califican de ir con el turbo puesto.

Esta dinámica impresiona e impulsa a los que le rodean, pero también puede resultar agotadora si el desfase de la velocidad del pensamiento y de la acción es elevado.

Testimonio de persona con altas capacidades

Lionel, presidente-director general

«Mi mayor satisfacción fue cuando vendí la segunda empresa que había creado: el reconocimiento por parte de los futuros compradores del trabajo realizado.

Había luchado durante cinco años para construir y dirigir un negocio que todavía no era muy rentable. Pero cuando los compradores vieron los resultados de este trabajo, alabaron el éxito de la empresa diciéndome que había construido en cinco años lo que otros habrían tardado más de veinticinco años en intentar lograr, sin necesariamente tener éxito.

Estos compradores eran los líderes del sector. Su actitud fue la mayor recompensa posible para mí y mi equipo.»

Su cerebro funciona de tal manera que a veces le resulta difícil hacerse entender. Le lleva muy rápidamente de una idea a otra, cuando no directamente a las soluciones de un problema saltándose los pasos necesarios para la comprensión. Sus divagaciones no son fáciles de seguir para sus colegas, que razonan de forma más secuencial. Él mismo pierde a veces el hilo de su discurso. Las soluciones que propone son a veces difíciles de entender y, por tanto, de aceptar si no van acompañadas del camino detallado que le ha permitido construirlas. Sin embargo, no conoce esta vía porque ha aparecido espontáneamente. Se necesita mucho esfuerzo para reconstruirlo. Los que no han aprendido a hacer esto en la escuela se encuentran en desventaja.

Cuando no es consciente de sus peculiaridades, los malentendidos son frecuentes. Puede parecer arrogante porque le molesta la lentitud de sus compañeros, del equipo o del director. Impaciente por salir adelante, puede pensar que los demás no le comprenden deliberadamente.

Para la empresa, el progreso de un equipo al mismo ritmo es una garantía de cohesión social.

Su cerebro trabaja día y noche

Sus características intelectuales confieren al individuo con altas capacidades una gran habilidad para establecer rápidamente el vínculo entre los distintos elementos de una situación. Explora los datos de los informes numéricos a toda velocidad y detecta los vínculos entre ellos y las incoherencias que puedan existir. No puede parar. Su cerebro está en un estado de flujo mientras tenga problemas que resolver. No conoce el botón de ««apagado». La solución solo llega cuando ha terminado de relacionar todos los datos del problema, casi siempre durante la noche, cuando su cerebro ha descansado lo suficiente. Por ello, en un entorno de continuas y múltiples solicitudes, corre el riesgo de agotarse.

Incluso las técnicas probadas, como la meditación, la sofrología o el yoga, que ahora se desarrollan en las empresas, resultan insuficientes para calmar su actividad cerebral. Para los que le rodean, su inteligencia de acción es una sorpresa. La fatiga que representa este trabajo intelectual rara vez se tiene en cuenta.

Dotado de empatía e intuición, puede gestionar mal las emociones

El individuo con altas capacidades siente las emociones de los demás con gran agudeza. Esta empatía es una formidable herramienta de comunicación cuando permite el intercambio ajustándose al otro. Genera ansiedad cuando las emociones percibidas en los demás son negativas, como el sufrimiento en el trabajo. Para no parecer sensible —un rasgo de carácter que a menudo se considera una debilidad en el contexto empresarial—, el empleado con altas capacidades puede ocultar esta empatía.

Él mismo no es lineal. Pasa rápidamente de un sentimiento a otro, a menudo de forma extrema. Se acostumbra a reprimir sus emociones porque no puede expresarlas bien. Sin embargo, si las reprime demasiado tiempo, explota.

Su actitud es preocupante. Algunas personas desaprueban su comportamiento excesivo y piensan que está exagerando. A veces no se le toma en serio, aunque lo que expresa es legítimo. Puede considerarse inmaduro o, en casos extremos, bipolar.

Testimonio de la jefa de una mujer con altas capacidades

Jeanne, directora general

«Le falta empatía. No todo el mundo tiene tanto éxito como ella, debería ser capaz de entenderlo y ponerse en el lugar de los demás. Además, le falta madurez emocional.»

Los individuos con altas capacidades tienen una poderosa intuición. Formados, hasta deformados para utilizar PowerPoint y Excel, apenas necesitan esas herramientas para tomar decisiones cuando adquieren experiencia. Lo que les guía es su intuición, que es la sedimentación de todas sus experiencias pasadas. Los lleva a actuar en la dirección correcta. Utilizan su memoria de trabajo para reaccionar a su entorno de forma instintiva.

Si sienten que deben salirse de lo establecido para lograr los objetivos asignados, pueden ir en contra de los procedimientos establecidos. Si luego se les critica por hacerlo, se sentirán ofendidos. Para ellos, salirse de las normas habrá contribuido ante todo al éxito de la empresa.

Testimonio de persona con altas capacidades

Soline, directora general

«Siempre me atengo a los razonamientos racionales y estructurados que se esperan de mí. Me consideran hiperanalítica. Sin embargo, en el fondo de mi ser sé que todas las buenas decisiones las he tomado guiada por la intuición. Siempre que me he inclinado por elementos racionales para decidir, me he arrepentido.»

Es un «supersensor»

El individuo con altas capacidades es más sensible que los demás a lo que ocurre a su alrededor: las sensaciones, las emociones, las palabras utilizadas en una conversación. Las exigencias para sus sentidos en un entorno laboral son a veces muy altas. En un entorno ruidoso, es posible que no pueda distinguir lo que dice la otra persona. Tiene que concentrarse para seguir, lo que le agota. Puede ser incapaz de trabajar frente a una fuente de luz que produzca deslumbramiento, lo que puede provocarle una migraña oftálmica. Por el contrario, la falta de luz afecta seriamente a su moral. Al captar las emociones de los demás, las incorpora espontáneamente a su toma de decisiones. Incluso puede pasar que absorba algunas de esas emociones.

Por último, da importancia a las palabras utilizadas por quienes le rodean y capta todos los matices. Esto a menudo le juega una mala pasada, ya que los matices que capta no siempre se corresponden con las intenciones del emisor.

Testimonio del jefe de una mujer con altas capacidades

Thierry, *Chief Internet Officer*

«Solía tener reuniones surrealistas. Mi subordinada, aunque muy inteligente, se bloqueaba y reaccionaba de forma exagerada ante palabras o detalles que no tenían importancia. Me acostumbré a tranquilizarla, a dejar que se expresara y a ayudarla a lidiar con su frustración.»

El individuo con altas capacidades percibe espontáneamente cosas que nadie más ve. No siempre es consciente de ello. En una reunión, puede, ante una determinada situación, señalar un problema importante que ningún otro participante ha identificado. Del mismo modo, puede aportar soluciones que tengan en cuenta elementos en los que otros no han pensado. Por desgracia, a menudo es torpe en la forma de señalarlo.

Su reto es compartir sus ideas de la forma adecuada para que sean escuchadas y comprendidas, y que el jefe le ayude a hacerlo.

Testimonio de un director de Recursos Humanos
Jacques

«Su comunicación es tan espontánea que a veces resulta brusca. Cuando veo que pasa esto en una reunión, examino con ellos lo que podrían haber hecho de forma diferente, dándoles ejemplos concretos para ayudarles a progresar.

Me asombra su capacidad para desafiarse a sí mismos. Saben aprender de los comentarios y avanzar.»

En busca de la excelencia, sin medias tintas, le cuesta ceder

Pone el listón excesivamente alto
Se esfuerza por alcanzar la excelencia en todo lo que hace, para darse a sí mismo —y a sus equipos si está en un puesto directivo— un sueño que alcanzar. No cree que sea un perfeccionista; a sus

ojos, la perfección es inalcanzable. Además, no conseguirla tampoco es importante mientras pueda sentir el placer de mejorar las cosas.

....

Testimonio de persona con altas capacidades

Charlotte, *Managing Director*

«Tenía una jefa creativa, competente y comprometida. Era excelente. Nos entendíamos muy bien, excepto durante su entrevista anual de evaluación. Los documentos que teníamos que rellenar eran muy escolares. Si hubiera sido mi empresa, nunca habría impuesto esa tortura a mis empleados. Evaluar a alguien con estas herramientas era tratarlo como a un niño. Insoportable. Ella y yo teníamos que anotar sus comportamientos, vagamente ligados a las competencias. La nota máxima correspondía a la perfección. Le ponía esa nota con regularidad, pero nunca en todo. El único interés del ejercicio me parecía que era hablar sobre áreas de progreso.

Ella se ponía las notas máximas en todo y le molestaba que yo no hiciera lo mismo. Tomaba mis "muy bien" como si fueran un reproche. No cambié mis prácticas porque no me parecía justo para mis otros empleados. Creo que lo ha entendido y ya no está molesta conmigo.»

....

Lo que da lugar a malentendidos con el individuo con altas capacidades es que hacerlo cada vez mejor es un placer. Por ello, los demás le consideran puntilloso en los detalles. También pueden desanimarse si sienten que está poniendo el listón demasiado alto.

Los individuos con altas capacidades no soportan hacer un trabajo que parezca descuidado, por más que sea suficiente para su jefe. Como los puntos de referencia son diferentes, es habitual que, cuando la velocidad prima sobre la calidad del resultado, se sientan frustrados por tener que parar en un nivel que no les conviene.

Testimonio de un jefe de empleados con altas capacidades
Marc, CIO

«A menudo tenemos que ayudar a los jóvenes ingenieros que van rápido para que se detengan. Les causa frustración, pero en la empresa no buscamos el placer intelectual, sino una solución eficaz a un problema determinado.»

Aprende a un ritmo acelerado
Aprende muy rápido en cualquier materia. En poco tiempo, puede integrar cosas nuevas sin darse cuenta. Por ello, se le confían proyectos complejos, que se complace en completar en un tiempo récord. Siempre está «a toda máquina». Su lógica de aprendizaje no siempre se entiende.

Testimonio de persona con altas capacidades
Yann, apoyo administrativo, comercial y jurídico al área de exportación

«Aun teniendo muy altas capacidades intelectuales, mi escolarización fue difícil. Acabé obteniendo un bachillerato técnico. Desde entonces, he desempeñado multitud de trabajos: gigoló, teleoperador, auxiliar de clínica, comunicador de empresa, escritor por cuenta ajena, terapeuta manual (*shiatsu*, relajación...). En la actualidad, intervengo en los procesos de una empresa internacional. En paralelo, estoy terminando mis estudios de psicología. Este camino parece caótico, pero no lo es. Siempre me he dedicado a mejorar el bienestar y la comunicación de los demás. Más adelante, tengo previsto montar un negocio de cuidados personales, tanto físicos como psicológicos. El cuerpo no puede funcionar correctamente sin la mente y viceversa. Pienso ejercer en entornos en los que noto mucho sufrimiento, como las empresas.»

Poner a un individuo con altas capacidades en una posición de aprendizaje le da energía. Cuanto más aprende, más feliz y eficaz es. Puede resultar tentador explotar su capacidad de trabajo dándole «más de lo mismo», con el propósito de beneficiarse del ahorro en la nómina generado por un empleado que puede hacer solo lo que normalmente hacen varias personas. Esto no es sostenible, porque si deja de aprender, se aburre y se desanima, o se siente insatisfecho y se vuelve agresivo.

Le gustan los retos y se implica mucho, a veces demasiado

El superdotado necesita superarse constantemente. Se fija objetivos que van mucho más allá de lo que se le exige. Solo acepta los que se le imponen si los encuentra coherentes y si representan un reto interesante. Es mejor responsabilizarle de la fijación de objetivos, porque suele cumplirlos o superarlos cuando lo hace él mismo.

Testimonio de persona con altas capacidades
Lionel, presidente-director general

«En la familia siempre hemos sido autodidactas. Hubo agricultores, luego emprendedores. Soy el segundo en aprobar el bachillerato y el primero con estudios superiores.

Me fue bien en el colegio. Luego, en el bachillerato superior, descubrí a las chicas y "abandoné". Repetí el primer año, a pesar de mis notas excepcionales con el francés.

Mis profesores me hicieron repetir el año porque no daba pie con bola. Mi familia me inscribió entonces en un centro privado, lo que me obligó a obtener el bachillerato con mención honorífica.

Inscrito en la facultad de Derecho, tenía una novia a la que cortejaba un tipo que estaba en Ciencias Políticas. Eso me irritaba, así que me presenté al examen de ingreso de Ciencias Políticas y lo aprobé. Aquella reacción de amor propio, que mostraba una profunda inmadurez, me ha ayudado mucho en el resto de mi carrera.»

Se compromete mucho, incluso demasiado. Leal y franco, suele estar dispuesto a ayudar a quienes lo necesitan. En un entorno en el que encuentra sentido y se le asignan responsabilidades acordes con su talento, su compromiso es total. Se convierte entonces en un excelente embajador de su jefe o empresa.

Testimonio de persona con altas capacidades
Sarah, responsable de comunicación

«Cuando estoy a gusto en un trabajo, puede convertirse en mi vida. Me dedicación a él es total.»

Su jefe puede abusar de este compromiso. Las personas con altas capacidades no conocen sus límites y rara vez rechazan los retos o las tareas adicionales. Por el contrario, se desvincularán en cuanto se sientan traicionadas o si los valores de la empresa no les convienen.

Como mánager, muestra un estilo de liderazgo particular

El individuo con altas capacidades puede ser un gran líder

Cuando alcanza puestos de gran responsabilidad, el individuo con altas capacidades suele convertirse en gran líder por el nivel de empatía y compromiso que despierta en sus interlocutores. Su capacidad para rodearse de personas con talento y jugar con la complementariedad de los perfiles le permite crear y dirigir equipos de alto rendimiento. Tiene una visión clara de hacia dónde ir. Inspira y mueve a la acción. Su sentido de la responsabilidad, su independencia de espíritu y su curiosidad estimulan el aprendizaje y permiten a todos superarse. Apoya a sus empleados en la consecución de sus objetivos y les anima individual y colectivamente a hacerlo mejor.

....

Testimonio de una empleada bajo la responsabilidad de una mujer con altas capacidades
Félicie, jefa de publicidad

«Esta alta directiva rebosa sentido y compromiso. No nos deja indiferentes. Queremos seguirla y ayudarla a triunfar.»
....

Suele entablar una relación intensa con algunas de las personas de sus equipos, especialmente con las que funcionan como él. Las estimula, las hace crecer y las protege cuando es necesario del exterior. Intenta desarrollar al máximo su potencial y promocionarlas, aunque eso suponga que dejen su equipo llegado el momento.

Testimonios

Mujer con altas capacidades - Soline, directora general

«Desde el momento en que se me confía un equipo, hago todo lo posible para que tenga éxito. Identifico las fuerzas motrices y los obstáculos de cada persona y adapto mi estilo de dirección a cada personalidad. Adopto una postura más de *coach* que la de un directivo tradicional, planteo regularmente retos y animo a todos a superarse.»

Equipo de Soline - Elisa, directora general adjunta

«Mi jefa es fiable y tiene un enfoque muy humano. Quieres seguirla porque da una visión. Como no soporta el fracaso, hace todo lo posible para que tengamos éxito. Trabaja mucho. Es sincera y directa en su forma de afrontar los problemas. Es inteligente y tiene sentido del humor. Sabe utilizar sus emociones para convencer. Tiene valor. Siempre está abierta a las opiniones de los demás.»

Como el individuo con altas capacidades teme el fracaso, lo planea todo para evitarlo, lo que puede llevar a un control excesivo o a presionar a sus equipos en momentos de estrés.

También le resulta difícil aceptar que los empleados no se esfuercen mucho en su trabajo o que no tengan el nivel de competencias que requiere su puesto y no hagan nada para obtenerlas. Le parece injusto que el resto del equipo tenga que soportar la carga de trabajo extra para compensar la incompetencia de sus compañeros.

Sus equipos lo admiran y quieren seguirlo, o lo encuentran demasiado exigente y pueden estar hartos de tener que correr siempre.

También puede ser un jefe pésimo

Puede agotar a los que le rodean pidiendo más y más, no delegar u olvidar dar las gracias a sus colaboradores. Considera que un trabajo bien hecho es normal y puede no enviar las señales de reconocimiento que los empleados esperan legítimamente tras un rendimiento excelente.

En términos de delegación, es todo o nada. Si tiene confianza en su personal, delega y les da toda la responsabilidad. Por el contrario, le resulta difícil confiar en personas que son mucho más lentas que él o que le ocultan las dificultades. Entonces tiende a desconfiar de ellas y a controlar todo para evitar errores, con el riesgo de caer en la microgestión.

Por último, aunque su tendencia a señalar espontáneamente lo que está mal para mejorarlo no sea un problema para las personas que se centran en la eficiencia, desanima a quienes necesitan recompensas regulares para avanzar.

Testimonios

Mujer con altas capacidades - Teresa, directora de Business Unit

«Cuando estoy cansada, me resulta muy difícil soportar la lentitud, los errores y las personas que se niegan a evolucionar. Puedo llegar a ser muy directiva. Entonces me digo que habría sido mejor aplazar una serie de reuniones en lugar de gestionarlas en un estado poco propicio para el trabajo colectivo.»

Equipo de Teresa - Bruno, controlador de gestión

«Mi jefa es inteligente y rápida, pero a veces también fría y dura. Tendría que aceptar la idea de que algunos empleados tienen menos habilidades que ella o un compromiso más limitado que el suyo. No todo el mundo quiere pasarse la vida ganando dinero para su empresa.»

Cómo una inteligencia de alto nivel conduce al fracaso

Como ocurre con todo, incluso con lo mejor, cuando se supera cierto límite, lo mejor es enemigo de lo bueno. En términos de liderazgo, un exceso de inteligencia puede resultar «peligroso para la salud». Algunos estudios sugieren que la calidad del liderazgo aumenta a medida que aumenta la inteligencia del líder, hasta cierto punto. Después, lo que era positivo se convierte en destructivo.

Todo depende del líder, todo depende del contexto. Es cierto que para tener éxito con los individuos con altas capacidades es necesario atemperarlos regularmente, animarlos a ser menos absolutos, menos excesivos.

....

Testimonio de un jefe de empleados con altas capacidades
Thierry, *Chief Digital Officer*

«Nunca me ha molestado tener gente más inteligente que yo en mi equipo Todo lo contrario, es estimulante. Lo que es difícil es lidiar con su actitud en ocasiones inmadura cuando se sienten frustrados.

Muchos asuntos les hacen enfadar porque quieren ir más rápido y más lejos.

Dejo que se expresen, cuidando de no entrar nunca en conflicto, pero sabiendo poner límites. Luego les recuerdo la economía general de la empresa y el hecho de que no se puede cambiarlo todo siempre de inmediato.»
....

Por lo general, se trata de personas que saben escuchar, que pueden tomar en cuenta los consejos.

Relaciones a veces difíciles con sus colegas o sus jefes

Le cuesta entender y hacerse entender

El individuo con altas capacidades que capta las emociones de los demás se siente desconcertado cuando el discurso de sus interlocutores no está en sintonía con lo que expresan a través de modos distintos a las palabras. No capta bien el pensamiento implícito. Muy estricto con el vocabulario, no pone en duda lo que le dicen. A veces tiene la impresión de no hablar el mismo idioma que sus interlocutores.

....

Testimonio de persona con altas capacidades

Paul, responsable de métodos

«No comprendo lo implícito. Veo que algo está implícito, pero, como no me queda claro, lo ignoro.»

....

Aunque pueda dar la impresión de no escuchar a los demás, lo oye todo, incluso lo que aún no se ha dicho. Por eso, a veces interrumpe y termina las frases de los demás. Algo que no siempre se aprecia.

En su búsqueda de la eficacia, simplifica los procesos de trabajo y hace coherente lo que no lo es. No puede dejar de corregir y de mejorar. Es compulsivo.

Su ilimitada creatividad le lleva a resolver problemas complejos. Sin embargo, a pesar de su inteligencia, puede tener dificultades para explicar sus ideas y soluciones. Los que le rodean pueden considerarlo complicado y sentirse molestos al verle cuestionar un sistema que todo el mundo ha apoyado hasta ahora.

¿Qué sentido tiene proponer ideas o soluciones? Los más persistentes se esfuerzan por hacerlas funcionar, pero la mayoría renuncia a hacerlo.

Testimonio de persona con altas capacidades
Brigitte, *Supply Chain Manager*

«Cuando me incorporé a mi puesto de trabajo, detecté fallos en el sistema informático que distorsionaban cuantitativa y financieramente los pedidos internos. Tras señalarlo varias veces, mi jefa me señaló que nadie había notado nada, aunque el equipo llevaba años trabajando con esas herramientas. Según ella, yo estaba «embrujando el sistema» y mis informes eran un problema.

Al final me puse en contacto con un miembro de la dirección informática. Pasamos varios días haciendo "depuración" en beneficio de todo el equipo.»

Al final, cuando los demás no pueden seguir el ritmo, la persona con altas capacidades se siente frustrada. Tiene la impresión de que hace un gran esfuerzo para que la entiendan, pero que lo contrario no es cierto. A menudo se equivoca, porque los otros también se esfuerzan.

Testimonio de persona con altas capacidades
Alain, director de formación

«Puedo saber enseguida si me voy a llevar bien con mis compañeros o no. Cuando tengo que trabajar con alguien con quien no me llevo bien, intento ser diplomático y adaptarme. pero cuando realmente no funciona siempre acabo teniendo problemas.»

Estas dificultades de relación pueden ser perjudiciales para su progresión profesional, a menos que haya tenido la suerte de llegar a la cima directa o muy rápidamente, y eso gracias a la reputación de la «Gran Escuela» donde haya realizado sus estudios y a la red que haya creado. En general, para la empresa, estos elementos compensan el lado no tranquilizador de una personalidad atípica. Una vez alcanzan la cima de la jerarquía, son merecedores de una mayor indulgencia, ya que los demás se esfuerzan más por adaptarse a ellos.

Puede carecer de sentido político

La comunicación del individuo con altas capacidades es brusca, a veces violenta. *A priori*, el sentido político no es su punto fuerte y no se siente cómodo para progresar en las organizaciones cuando solamente se trata de una carrera por el poder y el dinero.

Algunos se ven perjudicados por el necesario «juego colectivo» en vigor en la empresa. Se trata de aquellos que fueron apartados durante sus años escolares por sus compañeros que los consideraban «demasiado esto» o «demasiado aquello». No siempre han tenido la oportunidad de integrarse en los juegos de grupo. No es que no quieran, porque les gusta trabajar con otros, es que no saben cómo hacerlo.

En cambio, los que han entendido las reglas del juego político las manejan a la perfección. Se convierten en presidentes de las mayores potencias del mundo.

* * *

De la empresa para arribistas a la empresa liberada

En 1977, la autora norteamericana Betty Lehan Harragan [24] *descifra la empresa para las mujeres que quieran desarrollar su carrera.*

Creadas para hombres y por hombres, y con los puntos de referencia adquiridos desde su infancia hasta el servicio militar, las empresas tienen como objetivos el poder y el dinero. Su organigrama se parece al de un ejército: niveles jerárquicos, definiciones de puestos, misiones precisas. Hay que obedecer las órdenes.

Es la organización «Roja», cortoplacista y reactiva, descrita por Frédéric Laloux en Reinventing Organizations [25]. *El jefe mantiene bajo sus órdenes a sus tropas. El miedo cuenta la organización. El superior es objeto de respeto y se dan muestras de sentido político.*

Las reglas del juego se parecen a las de un deporte colectivo. Conocer el deporte preferido del patrón es útil para que te promocionen.

Las empresas han evolucionado. Ahora, en el «estadio Naranja», donde el reto es el crecimiento y el beneficio, promueven la dirección por objetivos. El jefe decide y los equipos escogen cómo llevarlo a cabo. Algunas de ellas integran la diversidad, flexibilizan sus modos de funcionamiento e innovan en sus métodos de gestión. Entran entonces en el «estadio evolutivo Ópalo», el de las empresas liberadas.

* * *

Sueña con un mundo perfecto, mientras todo parece salirle bien

Para la persona con altas capacidades, idealista, todo debe tener sentido, ser coherente y justo. En su vida diaria y profesional, se

---

24. Betty Lehan Harragan, *Games your mother never taught you, corporate games man ship for women,* Warner Books, 1977.

25. Frédéric Laloux, *Reinventar las organizaciones,* Barcelona, Arpa, 2016].

esfuerza por acercarse a este mundo perfecto. Para ello, crea y mejora constantemente su entorno. Al igual que Steven Spielberg, podría decir: «No sueño por la noche, sueño durante el día, sueño todo el día; sueño para vivir».

Cuando no se respetan sus criterios de justicia y coherencia, se bloquea y puede ponerse a la defensiva.

Testimonios de personas con altas capacidades

Yann, apoyo administrativo, comercial y jurídico al área de exportación

«Si mi trabajo depende del trabajo de otra persona, y esta no hace su parte, no lo soporto.»

Teresa, directora general

«Desafortunadamente el director de recursos humanos envió el fichero de los salarios de todos a un reducido grupo de personas del que yo formaba parte. Llevada por la curiosidad, miré cómo me situaba con respecto a otros en la misma posición. Se me heló la sangre. Mi sueldo era un 30 % inferior al de los demás. Era la única mujer en el comité ejecutivo.

Me encantaba mi trabajo, pero ya no era posible aportar mis competencias a una empresa que no trataba a hombres y mujeres por igual. Era insoportable.»

Los que le rodean se sorprenden de que el mundo le parezca injusto, habiendo conseguido casi todo y a menudo habiendo alcanzado en la juventud una posición que otros nunca alcanzarán.

Respeta la jerarquía pero necesita autonomía

Quienes tienen altas capacidades están muy apegados a su libertad, pero esta debe ir acompañada de responsabilidad. Cuando comprueban que lo que se espera de ellos es coherente, se comprometen y son fiables, se automotivan, se presionan a sí mismos y avanzan con rapidez y autonomía en la dirección requerida. La confianza de su jefe les convierte en valiosos integrantes de equipo que ofrecen resultados sin consumir tiempo de gerencia.

Testimonio de un jefe de una empleada con altas capacidades
Laurent, presidente

«La veo como un diamante en bruto. Con ella he dejado de lado mi ego habitual de jefe. Nunca me tomo sus comentarios como una crítica y me concentro en ayudarla a madurar para que pueda expresar plenamente su talento.»

Por el contrario, trabajar con un directivo que se comporta como un «jefecillo» y se impone no por su competencia es un infierno para una persona con altas capacidades.

Con esta clase de personas, el riesgo de acoso moral nunca está lejos. La segregación negativa, por la que algunos directivos apartan a sus empleados con más talento para mantener su estatus de líder, es un fenómeno común.

A menudo se considera que las personas con altas capacidades son incapaces de soportar la jerarquía. No es cierto: la mayoría la respeta. En cambio, pueden tener dificultades para comunicarse con un directivo que no funciona como ellos. Necesitan un «decodificador».

Testimonio de persona con altas capacidades

Bénédicte, *coach*

«Me contrató un directivo porque había estudiado en HEC [26] —lo que él valoraba—, pero luego se las arregló para que nunca me aceptaran en su equipo.

Teníamos un problema de comunicación. Cuando me pedía mi opinión sobre temas, se la daba, planteando críticas —que yo consideraba constructivas— para añadir valor, creyendo que eso era lo que quería. En realidad, comprendí que solo esperaba cumplidos.

No soportaba el más mínimo comentario, incluso el que lo ayudaba a progresar, y me hizo pagar mi franqueza.»

Si le resulta difícil obedecer peticiones inoperantes o contrarias a sus valores, también puede, por empatía con su jefe, hacer de «buen soldado» y buscar todas las soluciones posibles para satisfacerlo.

Testimonio de persona con altas capacidades

Teresa, directora general

«Mi equipo era el que mejor funcionaba en la empresa. Por tercera vez, como faltaba dinero en otros sitios, mi jefe volvía a subir sus exigencias presupuestarias a mi equipo. Necesitaba asegurar sus *reforecasts* [27] para tranquilizar a sus superiores.

Desesperada, me preguntaba cómo podía conseguir que mis empleados, que ya se esforzaban al máximo, lo aceptaran.

En una reunión del Comité de Dirección, les expliqué la situación con sinceridad, sin ocultarles lo absurdo que me parecía. Juntos

---

26. HEC Paris está considerada como una de las mejores escuelas de comercio del mundo. (*N. del t.*)

27. Revisiones presupuestarias trimestrales.

decidimos seguir el juego. Organizamos una reunión general, digna de una escena de una película de los Monty Python, para solicitar a todos ideas creativas y lucrativas. Aquella movilización de la inteligencia colectiva dio excelentes resultados.

Esta petición sin sentido se convirtió en una oportunidad para reír, para compartir el placer y para la energía creativa.»

Sabe mantenerse fiel a sí mismo en contextos absurdos e innovar bajo presión.

No hay que confundir a quienes poseen altas capacidades con patitos feos

Los malentendidos son frecuentes entre los superdotados y su entorno de trabajo [28]

Lo que percibe el entorno de trabajo	Lo que siente la persona con altas capacidades
Conflictos con la autoridad	No soporto la incoherencia y la injusticia
No escucha a los demás	Entiendo pero no puedo hacerme entender
Actitudes difíciles de entender: ¿qué hay detrás de todo esto?	Aparentemente, soy una amenaza para mis colegas e incluso para mi jefe
Siempre actúa de forma diferente a los demás: ¿es una provocación?	¿Por qué quieren que encaje en este molde? No tiene sentido
Va demasiado rápido, no sabe adaptarse al ritmo de los demás en las reuniones	¿Por qué vamos tan despacio y volvemos siempre hacia atrás?

28. Cuadro inspirado en un estudio presentado en una conferencia internacional de especialistas en recursos humanos (Ámsterdam, 11 de octubre de 2006) por F. Corten, *coach* de recursos humanos, N. Nauta, médico del trabajo, y S. Ronner, psicólogo, *coach* y mediador.

Falta de perseverancia y disciplina	Es difícil implicarse en algo tan poco interesante. Me distraigo fácilmente
No es fácil de abordar, a veces es asocial	No me gusta exponerme y no me siento cómodo en las conversaciones de grupo
Es imposible decidir dónde ponerlo. Está interesado en demasiadas cosas diferentes	¿Por qué la gente no entiende que puedo hacer bien muchas cosas diferentes?
Sigue quejándose del ambiente de trabajo	¿Cómo es posible trabajar con tanto ruido?
Es irrespetuoso en las reuniones, dibuja o mira su teléfono	Estoy aburrido, estoy perdiendo el tiempo
Molesta a todo el mundo señalando los problemas	Un problema más que resolver. Puedo ayudar
¿Quiere mi trabajo?	No puede hacerlo solo. Quiero ayudarle para que podamos tener éxito juntos
Es demasiado complicado. Sus ideas son poco realistas	¿Qué es lo que no entiende? ¡A mí me parece fácil!

• •

En resumen

Si la persona dotada de altas capacidades se revela científicamente mediante test, también puede detectarse mediante comportamientos específicos. Demuestra inteligencia e intuición. Es una persona que funcionan de forma diferente, que a menudo necesita «más» que los demás: responsabilidad, autonomía, retos, libertad. Además, aporta compromiso, soluciones y una enorme capacidad de trabajo a su organización.

Sin embargo, el día a día de los individuos con altas capacidades en su entorno profesional puede dar lugar a una permanente confrontación de puntos de vista, de interacciones conflictivas o de frecuentes malentendidos con quienes les rodean.

Descifrar estos comportamientos, que resultan irritantes cuando no se entienden, allana el camino para que todos colaboren de forma constructiva.

3

CARACTERÍSTICAS QUE PUEDEN CONVERTIRSE EN DEBILIDADES

«Quien quiere viajar lejos cuida su montura.»
Racine

Creemos que están satisfechos, pero solo están tratando de sociabilizar su extraña diferencia. La vida de los dotados con altas capacidades en una empresa no siempre es un largo río tranquilo. Para sentirse bien con su trabajo, tienen una fuerte necesidad de ser «nutridos», tanto social como intelectualmente.

El psiquiatra Gabriel Wahl explica esta necesidad vital de una vida profesional, social y familiar satisfactoria: «Una existencia carente de sentido o de planes rara vez va acompañada de una sensación de bienestar. Esto es probablemente cierto para todos. [...] Su bienestar parece depender en gran medida de su vida social, y están menos satisfechos con una vida familiar feliz si no pueden experimentar también un compromiso profesional satisfactorio. La hipótesis que se me ocurre es que los adultos superdotados al disponer de más capacidades cognitivas no quieren ocultarlas; pero puede que se añada una permeabilidad más dolorosa a la falta de interés» [29].

---

29. Gabriel Wahl, *Les Adultes surdoués*, PUF, col. «Que sais-je?», 1977.

Estar nutrido no es necesariamente tener un perímetro en expansión. Menos aún se trata de hacer tanto de lo mismo que ya no se tiene tiempo para tener perspectiva. Lo que es vital para los individuos con altas capacidades es aprender situaciones nuevas, complejas y variadas, mantener relaciones humanas enriquecedoras y liberar su creatividad creando o construyendo. También es desempeñar un papel que tenga impacto.

Identificar estas necesidades en los individuos con altas capacidades, comprender sus puntos fuertes, pero también su vulnerabilidad, y ser conscientes de las situaciones de riesgo, permite a sus directivos ayudarles a aportar un valor añadido fuerte y duradero en un equipo.

El temperamento de la persona con altas capacidades le puede jugar malas pasadas en la empresa

Un sentido de la responsabilidad a veces excesivo

Su sensibilidad y su capacidad para ver cosas que otros no ven suelen plantearle un problema al superdotado. Cuando percibe un riesgo o un problema, y que este afecta a los que le rodean, a veces se siente responsable de ello. A continuación, moviliza toda su energía para resolverlo, a veces de forma brusca, a menudo inoportuna, y sin haberse cerciorado previamente de si sus interlocutores querían realmente que se les proporcionara una solución.

Invade entonces la responsabilidad de los demás y su libre albedrío. Puede tratar como niños a los que le rodean y adoptar una postura que él mismo nunca toleraría de los demás.

Este sentimiento de gran responsabilidad, que refleja el miedo a enfrentarse a la propia impotencia, no es, sin embargo, privativo de los superdotados.

Testimonio de una jefa de una persona con altas capacidades -
Charlotte, *Managing Director*

«Mantuve una conversación con una empleada brillante, a consecuencia de un *clash* con su jefa directa. Además de las fricciones con
ella, que no sabía tratarla correctamente, descubrí que estaba ago-
biada por asumir los problemas de los demás.

Me habló de su trabajo, del trabajo del resto del equipo que no
estaba hecho y que ella estaba terminando, del negocio de su padre,
que tuvo que gestionar tras su muerte (tenía tres hermanos...) e incluso del negocio de su marido.

Intenté hacerla entender que saldría ganando si se concentrara
únicamente en sus propios asuntos y dejara a los demás ocuparse de
los suyos.»

Una relación paradójica con el dinero que conlleva riesgos

Si no hay un comportamiento determinado del individuo con altas
capacidades en la relación con el dinero, sí existen, en cambio, y
como es habitual, reacciones exacerbadas. Si piensa que el dinero es
una fuente de injusticia, preferirá ser injusto consigo mismo antes
que ser considerado injusto por los demás. Puede que no se venda
por su valor real en un proceso de contratación y que luego le resulte incómodo pedir un aumento de sueldo, aunque este sea muy
merecido. Sin embargo, su sentido de la justicia le obligará a marcharse si se da cuenta de que se están aprovechando de él. En sentido contrario, una persona que gana mucho dinero puede caer en la
trampa de sobrevalorarse y caer rápidamente en el narcisismo.

Por lo tanto, para trabajar bien con él, es esencial ser justo en
lo que respecta al salario y explicar las diferencias de remuneración
salariales cuando existen.

Testimonio de un director de Recursos Humanos

Jaime

«Vi pasar dos solicitudes de aumento para su validación. Una importante para alguien a quien se le reducía el ámbito de actuación y otra muy modesta para el joven ejecutivo superexitoso que se hacía cargo del equipo del otro. Me dirigí al director general para que fuera justo.

Las propuestas provenían del jefe de las dos personas, que quería "dar un respiro" al primero. Consideraba que el más joven ganaba lo suficiente para su edad y que no había necesidad de añadirle nada. El director general me hizo caso y acabó dando a cada uno un aumento equivalente.»

El individuo con altas capacidades puede creer que tiene que sufrir para merecer su salario. Como obtiene resultados sin esfuerzo cuando puede utilizar su talento, da poco valor a sus logros y entonces cae en el síndrome del impostor. Para justificar su posición, siempre hace más y provoca lo contrario de lo que quiere. Aumenta así el riesgo de caer mal a sus compañeros de trabajo, mientras que, si hiciera menos, se acercaría al nivel de dedicación de los demás y facilitaría su integración.

El directivo puede en tal caso tranquilizarlo sobre la calidad de sus trabajos y calmarlo en lo tocante al nivel de los resultados esperados.

Un sentimiento de culpa por el propio éxito que puede ser perjudicial

«¿Estoy donde me corresponde?» Esta es una pregunta clásica para cualquiera que dude habitualmente de sus capacidades. Si progresan más rápido que los demás, las personas con altas capacidades pueden sentirse culpables por haber alcanzado esa posición ante los celos que eso despierta.

Testimonio de persona con altas capacidades

Soline, Directora General

«Cuando empecé a trabajar, no tardé en ser el brazo derecho del fundador de la empresa. Mis compañeros estaban muy enfadados conmigo. A pesar de que mis resultados eran mucho mejores que los del resto del equipo, sentía que no merecía una evolución tan rápida.

Unos años más tarde, cuando me di cuenta de que había salvado a la empresa de la quiebra, comprendí que mi ascenso era legítimo.»

La duda es saludable, pero si se hace demasiado frecuente, conduce a un exceso de humildad e incluso a una baja autoestima. El superdotado se convierte entonces en una presa fácil para personas tóxicas o perversas. Se sienten atraídos por él.

Estrategias de protección a veces peligrosas

La autolimitación, una estrategia de adaptación

Para relacionarse con los demás, las personas con altas capacidades se adaptan, esperando encajar. Esto suele llevar a la autolimitación. Dependiendo del tipo de empresa o equipo al que lleguen, la adaptación es más o menos fuerte. Cuando el superdotado pone todo su talento en la autolimitación, esto genera fatiga, agresividad, ensoñación o mutismo. Puede incluso tener comportamientos autodestructivos.

Testimonio de persona con altas capacidades

Teresa, directora general

«Para no irritar a mi jefe, estoy obligada a ir más despacio todo el tiempo. No le gusta que responda a una pregunta en público antes que él. Tampoco le gusta que tome notas directamente en el ordenador en las reuniones. Me siento como si siempre condujera con el freno de mano puesto.»

Sin embargo, Khalil Gibran, en la obra que le hizo mundialmente famoso, *El profeta*, señala que la autolimitación nunca ha ayudado a los demás a avanzar más rápido: «Sois buenos cuando avanzáis hacia vuestro objetivo firmemente y con paso intrépido. Sin embargo, no sois malos cuando avanzáis a él cojeando. Aun aquellos que cojean no andan hacia atrás. Pero vosotros que sois fuertes y veloces, guardaos de cojear en presencia de los cojos, por complacencia. Sois buenos de innumerables maneras, y no sois necesariamente malos cuando no sois buenos. Sois apenas ociosos y perezosos. Lástima que los ciervos no puedan enseñar su velocidad a las tortugas»[30].

La procrastinación, ¿un medio para distanciarse?

Algunas personas son buenas para hacer en el último momento lo que podría haberse hecho antes. La procrastinación no está ni mucho menos reservada para los que tienen altas capacidades y no todos recurren a ella. Sin embargo, cuando deciden procrastinar, no lo hacen a medias.

¿Por qué? Hay muchas razones: el aburrimiento de la tarea, no entender el significado de lo que se requiere o no tener una visión

---

30. Khalil Gibran, *El Profeta* [1923], Casterman, 1993

global. También pueden procrastinar cuando saben que pueden entregar el resultado esperado en muy poco tiempo, en el último minuto. Luego se apresuran lentamente, como la tortuga de la fábula de La Fontaine.

Sin embargo, anticiparse es útil para las personas que trabajan con él, sobre todo para el responsable jerárquico especialmente centrado en el control.

La procrastinación, para vaciar una mente demasiado saturada

Mientras que algunas personas procrastinan cuando una tarea les aburre, otras hacen lo contrario. Realizan las tareas asignadas en un tiempo récord para deshacerse de ellas. Esto libera sus cerebros. Aunque su eficacia es apreciada en la empresa, si se las sobrecarga se corre el riesgo de que se quemen.

La máscara social invasora, una estrategia de supervivencia

La mayoría de los dotados con altas capacidades se esfuerzan desde la infancia por pasar desapercibidos ajustándose a la norma. Confrontados habitualmente con actitudes hostiles, han desarrollado poderosas estrategias de adaptación.

En la empresa, cuando sienten que su singularidad es molesta, se ven invadidos por un sentimiento de inseguridad. Entonces pierden su capacidad de tener confianza y desarrollan una máscara social excesiva.

Este riesgo aumenta si asume nuevas tareas con un directivo cuyos valores y métodos de funcionamiento sean muy diferentes a los suyos. Dividido entre la obligación de progresar sin dejar de ser él mismo y la de ajustarse al modelo de liderazgo reflejado por su jefe, adopta la personalidad de fachada que integra la norma percibida a través del comportamiento que observa, que se supone encarna los valores de la empresa. Si esa «máscara» le aleja de su personalidad profunda, cae en la sobreadaptación.

• •

¡Abajo las máscaras!

El individuo con altas capacidades adopta una máscara social para adaptarse a la empresa. Esto da lugar a dos estrategias que, llevadas al extremo, pueden conducir a la sobreadaptación [31]:

- *Se mezcla con la masa como un camaleón. Adaptándose perpetuamente a las exigencias de los demás, se ve abrumado por la empatía o el deber de triunfar y deja de sentir sus emociones.*
- *Pierde su espontaneidad y con ella su capacidad de ser algo más que la personalidad de fachada que ha construido. Aun cuando era abierto y flexible, ya no puede adaptarse a ninguna nueva posición profesional.*

¿Qué puede hacer la empresa para prevenir este riesgo?
- *Fomentar comportamientos directivos benévolos, valorando la singularidad;*
- *Ofrecer a los dotados con altas capacidades retos que activen sus recursos de aprendizaje y su talento;*
- *Neutralizar a los directivos tóxicos.*

• •

Por el contrario, los superdotados que evolucionan en un entorno exigente pero benévolo refuerzan su talento innato

---

31. Inspirado en la intervención de Marie-Anna Morand, especialista en sufrimiento laboral, durante el congreso de 2018, «Regards pluriels sur le haut potentiel».

para la empatía y desarrollan notables habilidades de comunicación.

Testimonio de persona con altas capacidades

Brigitte, *Supply Chain Manager*

«Trabajé en una empresa industrial que tenía un sistema muy inteligente para mejorar las relaciones interpersonales de los empleados. Todo el mundo tenía que pasar por un curso llamado "FLEX" para mejorar sus habilidades de comunicación. El principio era el siguiente: todo el mundo se ponía en contacto con varias personas; del mismo nivel jerárquico, de un nivel superior y de otro departamento. Y también una persona con la que no nos gustaba trabajar y otra con la que nos gustaba. Cada persona completaba un cuestionario sobre cómo nos percibían y/o trabajaban con nosotros para un corresponsal de recursos humanos que se encargaba de reunir a los equipos que iban a seguir juntos el curso FLEX.

Por mi parte, yo no era elegible en el curso. El corresponsal de recursos humanos me explicó que, como ya tenía excelentes aptitudes de adaptación a los demás, no me serviría de nada. Me sentí decepcionada, pero también aprecié su franqueza y el hecho de que se preocupara de no hacerme perder el tiempo.»

Una experiencia en la empresa que puede tener graves consecuencias

El individuo con altas capacidades es a menudo un supereficiente angustiado

Un empleado supereficiente es alguien que rinde mucho más que la media y es consciente de ser merecedor de sus éxitos. Un supereficiente angustiado es un empleado que siempre hace más, y a menudo demasiado, por miedo a ser visto como un impostor. Definido por uno de los líderes de consultoría estratégica para describir al tipo de personas buscadas para ocupar puestos clave, este concepto se refiere a una persona joven, a menudo al principio de su carrera, que tiene un enfoque particular de su trabajo y de la vida en general. Este enfoque lo hace hipereficiente y eficaz, aunque no sostenible a largo plazo debido al alto esfuerzo desplegado.

Laurent Choain, director de RR. HH. de Mazars, describe [32] el sentimiento del *insecure overachiever* que provoca esta carrera por el «más y más»: «Aprendí de joven, de muy joven, a correr rápido, muy rápido, para escapar de un monstruo que solo me pisaba los talones en mi psicosis. Una quimera invisible. Los primeros de la clase son los que corren más rápido, los que aprenden más rápido y, por tanto, los que cuentan más rápido que los demás, los que leen más rápido, los que entienden más rápido, los que deciden más rápido, los que se comprometen más rápido, los que seducen más rápido, los que encuentran soluciones más rápido, los que cumplen más rápido y los que, en definitiva, son más eficientes. Pero muchos de ellos tienen en su fuero interno una quimera que les persigue, invisible para el mundo exterior, el cual solo percibe su excelencia sin adivinar su sentimiento de impostura. Tienen que hacer más y más para retrasar lo más posible ese fatídico momento en el que alguien descubrirá el engaño de su perfección. Tienen el síndrome de los *insecure overachievers*, los supereficientes angustiados».

Si ese individuo con altas capacidades no consigue evolucionar, se pasa la vida corriendo para encontrar el equilibrio y el éxito duradero. A la larga, esto dañará su rendimiento en la empresa por agotamiento.

---

32. Laurent Choain, «Insecure overachievers: comment tirer le meilleur de ces superperformants angoissés», *Harvard Business Review*, 5 de abril, 2018.

Cuando, por el contrario, tiene éxito y modera sus comportamientos casi «compulsivos», aprende a relajarse y a ofrecer resultados de forma mucho más duradera. Por tanto, de su jefe dependerá en buena medida tranquilizarle y ayudarle a aprovechar mejor sus puntos fuertes.

• •

Los 3 hábitos de las personas que lo consiguen todo... o casi

Matias Dalsgaard, autor de Don't Despair [33]*, señala las limitaciones que pueden sufrir quienes él califica de* insecure overachievers*.*

1. Son inconsistentes

Los fundamentos sobre los que construyen carecen de solidez.

«Dejar de construir les causa pánico porque tienen mucho miedo a quedar expuestos. Es el síndrome del impostor [...]. Siempre intentan compensar algo.»

Su motor para crear es su inseguridad. Sienten que nunca son lo suficientemente buenos y quieren demostrar lo contrario. La lucha que viven aumenta a medida que tienen más éxito a los ojos del mundo exterior. Cuanto más se reconocen sus logros, más inseguros se vuelven. Lo toman como una farsa.

2. No toleran los conflictos ni los cuestionamientos

Sin embargo, es una parte integral de la vida.

«Cuando lo que han construido desaparece, se encuentran en una verdadera angustia. La última persona con la que quieren tratar es con ellos mismos.»

3. Están orgullosos de ser unos *insecure overachievers*

Cuantos más cumplidos reciben de personas exigentes, más orgullosos se sienten.

---

33. Matias Dalsgaard, *Don't despair*, Pine Tribe, 2014.

«Si al 99 % de las personas les parece asombroso lo que hacen, solamente buscarán y valorarán la opinión del 1 % que se les asemeja y que nunca estarán completamente satisfechos.»

• •

Una cultura de dirección ultracompetitiva, con retos cada vez más ambiciosos y una carga de trabajo cada vez mayor, juega con la inseguridad de los individuos con altas capacidades y mantiene su ansiedad. Los empuja más allá de sus límites.

Charlotte: «Esta rutina diaria me agota, me intoxica...»

París, octubre de 2014.

3 h 00 – Un pensamiento me despierta. La solución del problema no resuelto el día anterior. Lo escribo, en la oscuridad, en el cuaderno que hay junto a mi cama, esmerándome para poder releerlo por la mañana y volver a dormirme.

6 h 00 – Vuelvo a despertarme. Mientras me preparo un té, gestiono mis correos electrónicos provenientes de Asia. Luego reviso las *newsletters* que han entrado durante la noche y comparto la información útil con mis equipos.

7 h 20 – La familia se levanta. Desayuno, «supervisión» de los niños, «entrega» frente a la escuela. ¡Ay!, ya estoy entrando en modo «piloto automático», aunque el día acaba de comenzar.

8 h 35 -Trayecto en coche hasta la oficina. Llamo por teléfono a las personas a las que no pude ver el día anterior para solucionar sus problemas. Detenida en un semáforo en rojo, me las arreglo para no ocuparme de los nuevos correos electrónicos que recibo.

9 h 25 - ¡Por fin llego! Quedan cinco minutos para tomar un café.

9 h 30 - Reunión con el equipo Himalaya. Faltan 500k€ de volumen de ventas en una actividad. Hay que recuperarlos antes de fin de mes. Soluciones encontradas.

10 h 30 - Reunión con una responsable. Llega tarde, con una montaña de problemas. Pasamos la reunión haciendo juntas el trabajo que ella debería haber hecho antes. Llevo años ayudándola a progresar.

Lo he intentado todo. No está hecha para este trabajo. Pero estamos bloqueadas: yo, sin poder encontrarle un lugar donde estaría mejor; ella, atrapada en la ilusión de que logrará convertirse en lo que no es. Mientras yo vaya supliendo su trabajo, todo irá bien. Excepto para ella y para mí.

12 h 00 - *Cowalking* por el parque frente a la oficina con una empleada. Caminamos alrededor del lago, preparando un plan de innovación. Hay cisnes. Su presencia me tranquiliza.

14 h 00 - Reunión de Comex. Una sucesión de presentaciones conocidas, sin tomar decisiones. Siento impaciencia. Acaba de llegar una petición de un cliente que hay que atender rápidamente. Delego discretamente el trabajo a mi equipo para que se ponga con ello mientras yo pierdo el tiempo.

16 h 00 - Entrevista para contratar. Perfil interesante, pero inadecuado para nuestro entorno. No lo bastante rápido, no lo bastante versátil, no lo bastante fuerte. No durará ni tres meses. Se lo indico a la responsable de contratación para que esté atenta a estos puntos en adelante.

17 h 00 - Reunión para el *kick-off* de un proyecto. El jefe de la *business unit* en cuestión lo ha preparado todo. Solo queda estimularlo y decidir. Este es el momento más agradable del día.

18 h 00 - Esta franja de tiempo debía quedar libre, pero no ha sido así. Dos personas llegan con un problema con un responsable. Les remito a sus responsabilidades para que se ocupen de ello. Insisten. Lo han intentado, pero no lo logran. Hago una llamada telefónica y soluciono el problema de forma directiva.

19 h 15 – Ya voy con retraso para liberar a la canguro. Otra ronda de llamadas desde el coche.

20 h 05 - Llego a casa con un gran sobresalto. Las niñas están cenando. Su padre no está en casa.

21 h 00 - Llamada por Skype desde California. Un asunto delicado con un cliente. El jefe de la comercial que me llama no le contesta. Mañana le recordaré sus obligaciones.

21 h 30 - Apenas tiempo para una cena romántica. Gracias, al que inventó los supercongelados...

22 h 00 – Agotada, me duermo inmediatamente.

Por suerte, es jueves. Solo queda un día más así antes de que llegue el fin de semana. Los fines de semana son sagrados, nunca trabajo salvo cuando...

Esto duró tres años.

Mi cerebro ya no era capaz de funcionar correctamente, así que mi cuerpo dijo basta.

El principal reto para quien tiene a su cargo personal con altas capacidades es crear las condiciones necesarias para que dejen de ser *insecure overachievers* (supereficientes angustiados) para convertirse en *super achievers* (superexitosos).

¿Un mayor riesgo de sufrir en el trabajo?

Después del *burn-out* (agotamiento profesional), han surgido nuevos conceptos en el mundo empresarial: *bore-out* (aburrimiento en el trabajo) y *brown-out* (pérdida de vitalidad, disminución de rendimiento). El sufrimiento de los empleados se está extendiendo a un gran número de empresas por tres razones: los puestos de trabajo cambian rápidamente, la presión por el rendimiento aumenta y los directivos no están suficientemente preparados para liderar el cambio. Acelerado por las nuevas tecnologías que, al crear una conexión permanente con la oficina, ya no permiten a las personas «desconectarse» y recargar las pilas, repercute en la salud: enfermedades cardiovasculares, trastornos musculoesqueléticos, trastornos depresivos de ansiedad, agotamiento profesional e incluso suicidios.

Ningún estudio sobre los riesgos psicosociales tiene en cuenta el carácter de quienes tienen altas capacidades para evaluar su proporción entre los individuos afectados. Sin embargo, se plantea la cuestión de si su elevada capacidad de trabajo, su compromiso ilimitado y su preocupación por hacerlo bien no les expone más que a los demás a ese riesgo de agotamiento.

···

Sufrimiento en el trabajo: ¿cuándo acabará?

Los contextos de riesgo son identificables a través de los comentarios de muchos empleados en Francia [34]:

- *El 47 % de los que trabajan tiene prisa.*
- *El 31 % oculta sus emociones, finge estar de buen humor.*

---

34. Extracto del dossier de prevención de riesgos psicosociales del INRS, Institut national de recherche et de sécurité.

· *El 27 % no puede hacer frente a los incidentes por sí solos.*
· *El 36 % ha sufrido al menos un comportamiento hostil en el curso de su trabajo durante el año.*
· *El 33 % no siente el orgullo del trabajo bien hecho.*
· *El 24 % teme perder el empleo.*

Factores que fomentan los riesgos psicosociales:
· *el estrés: un desequilibrio entre la percepción que una persona tiene de las obligaciones de su entorno de trabajo y la de sus recursos para hacerles frente;*
· *la violencia interna: acoso moral o sexual, conflictos exacerbados entre individuos o equipos;*
· *la violencia cometida contra los empleados por personas ajenas a la empresa: insultos, amenazas, agresiones.*

El individuo con altas capacidades frente al *bore-out* y el *brown-out*

Las personas con altas capacidades necesitan sentir pasión en todo lo que hacen. Dado que el trabajo ocupa una gran parte de su vida y les aleja de todo lo demás que les pueda interesar, necesitan sentir satisfacción con él. Solo están dispuestas a invertir su tiempo en la oficina si lo que hacen les parece útil. Ganarse la vida no es suficiente: necesitan un sentido.

Definitivamente no está hecho para los trabajos de mierda, los famosos «trabajos que no sirven para nada» a los que se refiere el antropólogo y economista estadounidense David Graeber para designar esa «forma de empleo remunerado que es tan inútil, superflua o perjudicial que ni siquiera el empleado es capaz de justificar su existencia, aunque se sienta obligado, para cumplir los términos de su contrato, a fingir que no es nada de eso»[35]. Estos puestos representarían el 18 % de los empleos en Francia, según un estudio de Kantar TNS para Randstad (mayo de 2019).

Una actividad sin sentido le devuelve a un profundo sentimiento de inutilidad, de incompetencia, y a la idea de que no merece formar parte de un equipo en el que cada cual tiene su lugar y en el que a veces ya le cuesta encontrar el suyo.

Testimonio de persona con altas capacidades

Sarah, responsable de comunicación

«Con 27 años he cambiado varias veces de trabajo porque necesitaba estar en un entorno que me aportara sentido. Esto es esencial para mí. Necesito saber que todo lo que hago será duradero, que es útil, que será utilizado por otros. Quiero asegurarme de que no estoy perdiendo el tiempo.»

Las personas con altas capacidades también pueden ser víctimas del *bore-out* cuando no tienen suficientes alicientes. Esto puede ocurrir rápidamente, dadas sus extraordinarias habilidades. Entonces pueden sentirse como si estuvieran marginados, absorbidos por una sensación de vacío.

Esto da lugar a la tercera forma de agotamiento psicológico, el *brown-out*, que corresponde a una pérdida de vitalidad causada por varias sensaciones:

- Absurdo cotidiano ante las tareas a realizar,
- Posición jerárquica que no es la que debería ser,

---

35. David Graeber, *Bullshit Jobs*, Les liens qui libèrent, París, 2018 [trad. cast: *Trabajos de mierda*, Ariel, Barcelona, 2018].

- Obligación de cumplir con unas exigencias de la dirección que contradicen su visión de lo que habría que hacer,
- Naturaleza poco atractiva de las tareas asignadas,
- Falta de excelencia que se espera de él debido a la presión de los plazos impuestos,
- Falta de competencia del jefe.

Cuando se produce esta situación, la perspectiva de un salario adecuado u otras promesas hechas por la empresa para mantener al empleado nunca compensa el sufrimiento que se siente. Contribuir a un proyecto colectivo que no es un proyecto a sus ojos o al que no siente que pertenece se vuelve imposible. Si no quiere destruirse, tiene que abandonar cuanto antes ese entorno, que se ha vuelto extremadamente tóxico para él.

Los profesores André Spicer y Mats Alvesson explican en *The Stupidity Paradox* cómo una empresa lleva a su talento al *brownout*. «Contratan a licenciados brillantes solo para exigirles que duerman sus cerebros. Esos jóvenes trabajadores, que esperaban tareas desafiantes, se encuentran luego ejecutando el baile del PowerPoint en un intento de hipnotizar a los clientes, en un clima intelectual semiprostituido [36]».

....

Testimonio de persona con altas capacidades
Soline, directora general

«Tras reincorporarme después de un episodio cercano al agotamiento profesional, con el pretexto de las buenas intenciones, mi jefe, causante de mi sobrecarga de trabajo durante meses, me impuso que asumiera responsabilidades muy inferiores a mis capaci-

---

36. André Spicer y Mats Alvesson, *The Stupidity Paradox - The Power and Pitfalls of Functional Stupidity at Work*, Profile Books Ltd, 2016.

dades. Tenía que aportar ideas innovadoras y el proceso para ponerlas en práctica a personas que o bien no querían o bien no tenían posibilidad de llevarlas a a cabo debido a su carga de trabajo en el día a día.

Me daba encargos puntuales y me los quitaba en cuanto consideraba que podía recuperarlos por su cuenta. A este profundo aburrimiento se sumaba la sensación de que mis esfuerzos eran inútiles porque los proyectos que proponía nunca se llevarían a cabo correctamente.

Sentí que me empujaban hacia la dimisión.».

Por supuesto, cualquier persona a la que se le asigne una tarea que se asemeje a la de estar relegado se encuentra en una situación desestabilizadora y perjudicial. Pero el impacto sobre quien posee altas capacidades es más rápido y violento.

Individuo con altas capacidades: ¿el nuevo «canario en la mina»?

Así es como el holandés Frans Corten, consejero en recursos humanos y coach, califica a ese tipo de personas, en referencia al pajarillo llevado al fondo de las minas de carbón en el siglo XIX. Muy sensible a las emanaciones de gas tóxico indetectables para los hombres, que no contaban con equipamientos modernos, el canario servía de alerta. Cuando moría o se desvanecía, los mineros se apresuraban para salir de la mina para escapar de una explosión o una intoxicación inminente.

En la empresa, cuando alguien con altas capacidades da signos de sufrimiento, es la señal de un riesgo para el conjunto de los colaboradores.

Los riesgos vinculados a las prácticas de dirección tóxicas

La cultura de una empresa es su identidad, lo que la hace única, el conjunto de valores, conocimientos, rituales y símbolos que facilitan su funcionamiento. Todo lo que sirve como punto de referencia para trabajar bien juntos. Entendida por todos, es una poderosa palanca de motivación y compromiso. Crea vínculos, ayuda a atraer y retener nuevos talentos.

Tiene el efecto contrario si los valores que transmite no se ajustan a la realidad sobre el terreno, o si no se corresponden con los valores del empleado que entra en ella.

En cuanto a las personas con altas capacidades, mientras que algunas culturas les permiten crecer y florecer, otras pueden ser muy perjudiciales.

Culturas perjudiciales para el individuo con altas capacidades

Los superdotados no pueden adaptarse a largo plazo a las culturas que anteponen la norma al sentido.

··

Testimonio de persona con altas capacidades

Paco, consultor

«Tuve la mala suerte de estar en el equipo de un jefe ultraconformista. Todo el mundo lo juzgaba mal, pero él seguía progresando pese a todo. Diplomado en la HEC (una importante escuela de negocios), no era estúpido, pero estaba completamente desbordado por los problemas que tenía que gestionar. Recuperaba el poder mediante el juego de los objetivos, y establecía indicadores numéricos que no tenían ningún sentido, solo para demostrar a quienes mandaban sobre él que era capaz de ponerlo todo en forma de KPI [37]. Tenía una relación con sus subordinados como si estuviéramos en la escuela, se negaba a admitir la complejidad y quería aplicar soluciones ya probadas en todas partes.

Era una máquina de desmotivar. Era tan incapaz de concebir que un trabajo solo era eficaz si tenía sentido que acababa con este. Solo le interesaba el cumplimiento de las normas.»

Las culturas basadas en el estatus tampoco son adecuadas para su desarrollo. No tiene los códigos para ello, ya que prefiere la competencia al rango. Las considera ineficaces y contrarias a su sentido de la justicia.

Testimonio de persona con altas capacidades
Olivier, director administrativo y financiero

«Trabajaba para un inversor institucional. Invitado con el resto del Comité Ejecutivo a un seminario Relais et Châteaux, nos llamaron al orden para incitarnos a que ahorrásemos porque los resultados no estaban a la altura de lo esperado.

Durante su discurso, el presidente me humilló delante de todo el mundo, acusándome de haber perdido una cantidad considerable de dinero en la empresa por malas decisiones de inversión. Me quedé atónito. No sabía de qué hablaba.

Al profundizar, me di cuenta de que la pérdida de la que hablaba procedía de una arriesgada operación de inversión que mi jefe, el director general, había decidido realizar y de la que, para protegerse, me había hecho responsable ante su jefe. Lo viví como una traición a alguien en quien tenía confianza y me sentí utilizado, mancillado.

---

37. *Key Performance Indicator*, indicador clave de rendimiento.

Había decidido dejar la empresa. Aquello aceleró las cosas. Sin embargo, antes de marcharme, aclaré con mis colegas el asunto de la inversión y entonces me di cuenta de que no era el único que había sido víctima de ese comportamiento por parte de ese jefe.»

Los modos de organización que crean inseguridad

Las organizaciones confusas crean inseguridad porque las responsabilidades de todos se solapan. El líder despliega un complejo y poderoso sistema que le permite controlarlo todo. Solo él decide el destino de sus equipos, es el único juez de su trabajo y a veces castiga con dureza a quien desafía su autoridad.

Este tipo de entorno favorece la aparición de directivos dictatoriales, divos, rodeados de cortesanos. Es terriblemente hostil para alguien con altas capacidades que sea inseguro, pero no solo para él.

Dados sus efectos en el cerebro, el miedo como estrategia de dirección destruye la inteligencia, produce sufrimiento, crea estrategias defensivas en las personas afectadas y va en contra de la generación de rendimiento.

La presión excesiva y continua destruye partes clave del cerebro

Bernadette Lecerf-Thomas [38] *destaca los procesos que se producen cuando un individuo está sometido a una presión excesiva y continua.*

---

38. Información extraída de *Activer les talents avec les neurosciences*, de Bernadette Lecerf-Thomas (Pearson, 2015), y de los trabajos del profesor Joseph LeDoux (Universidad de Nueva York). Con la contribución de Marion Trousselard, jefa de la unidad de neurofisiología del estrés del Institut de recherche biomédicale des Armées.

La evaluación de un acontecimiento está vinculada a las emociones sentidas. Al memorizar el potencial de daño o satisfacción de una situación, el cerebro, cuando se enfrenta a un contexto similar, lo evalúa y desencadena la reacción que considera adecuada.

El miedo es la emoción más fuerte porque originalmente se utilizaba para protegerse y así sobrevivir. En el mecanismo del miedo intervienen tres estructuras cerebrales:

- la amígdala, que detecta y memoriza las emociones y contribuye a desencadenar las reacciones de salvaguardia ante el miedo, interviniendo directamente en todas las funciones corporales;
- el hipocampo, que memoriza las situaciones y ayuda a relatar un acontecimiento traumático distanciándose de él;
- la corteza prefrontal, que actúa como supervisor y modula la respuesta de miedo reevaluando el contexto tras la situación que lo provocó.

Estos tres actores actúan de forma concertada en situaciones normales para dar una respuesta adecuada, pero pierden esta capacidad bajo el estrés crónico.

Cuando se experimenta de forma permanente, el miedo altera las conexiones entre la amígdala y el hipocampo y degrada el funcionamiento de la corteza prefrontal. Todos ellos desempeñan un papel fundamental en la integración de la experiencia, el control del estado de ánimo, la concentración y la adquisición de conocimientos.

El estrés crónico, que puede llevar al burn-out, hace que partes clave del cerebro queden inoperativas.

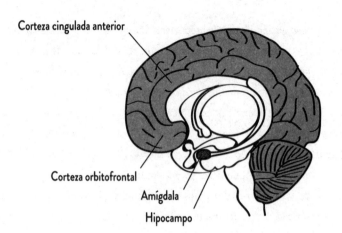

Esquema de las zonas del cerebro

Las organizaciones hiperjerárquicas también son perjudiciales por la pérdida de responsabilidad que implican.

La autonomía y la posibilidad de tomar iniciativas son elementos indispensables para el desarrollo de quien tiene altas capacidades.

Por último, las organizaciones que llegan a los extremos en su búsqueda de la eficiencia empujan a los empleados a generar productividad a toda costa reenfocándose cada cual exclusivamente en lo que ya sabe hacer. Al promover «más de lo mismo», rompen los motores del personal con altas capacidades, la creatividad, el placer de aprender y el de avanzar.

Estas organizaciones también fomentan una competencia interna malsana, que la persona con altas capacidades no puede soportar. En estos contextos, tiene tres opciones, ninguna de las cuales le conviene: ganar y arriesgarse al rechazo, limitarse y arriesgarse a la frustración, o perder y enfrentarse al fracaso que tanto teme. Si le gusta competir, es solo con los mejores, y a menudo con la perspectiva de «ganar juntos».

Por lo demás, la única competencia real es con la competencia. En su empresa, ve a los demás empleados como compañeros de equipo con los que puede colaborar para el éxito colectivo.

Los comportamientos directivos tóxicos

Incluso más que su cultura, las prácticas de dirección de una empresa tienen un impacto en la experiencia laboral del personal con altas capacidades. El vínculo entre la calidad de la gestión y su bienestar es fuerte e inmediato.

Las primeras prácticas tóxicas son las de los responsables que no saben ejercer como tales. Incómodos en su papel de supervisores e inseguros de cómo pueden alcanzar sus objetivos, ejercen una presión desmedida sobre su personal, mientras piensan que están haciendo lo correcto. No siempre son conscientes del daño causado a las personas que tienen delante.

Otro tipo de directivos operan con impunidad. Narcisistas y tiranos, se alimentan de la destrucción psicológica de sus equipos. A veces se conocen sus comportamientos abusivos, pero rara vez se les llamará la atención mientras den los resultados esperados. El sufrimiento que generan estos comportamientos directivos es costoso para la empresa por las enfermedades que provoca. Esto es particularmente cierto para los individuos con altas capacidades, dada su particular capacidad de somatización.

Algunas personas están «hasta las narices» de sus jefes, y suelen tener que quedarse en la cama, o se rompen el pie caminando por ese lugar del trabajo que les «rompe» las pelotas, o son propensas a sufrir gastroenteritis recurrentes para digerir las reuniones dolorosas. Alguien que ha sido traicionado por un colega puede sentir dolores de espalda parecidos a puñaladas, o un nudo en la garganta puede surgir en un entorno donde la palabra es silenciada. Puede ir mucho más allá: la aparición de enfermedades autoinmunes para aquellos que no ven una salida a la situación de estrechez en la que están confinados, a veces incluso el cáncer...

El cuerpo de la persona con altas capacidades no habla muy alto: grita.

Liderazgo infantilizante

La dirección paternalista frena a quienes tienen altas capacidades.

Si necesitan trabajar su madurez emocional, no pueden hacerlo en este tipo de ambiente. Lo que necesitan es lo contrario: un entorno que les haga responsables.

El directivo que no ha aprendido a gestionar, el directivo acosador

Los empleados con altas capacidades no soportan al «jefecillo». Les corta las alas.

Algunas personas llegan a los puestos de dirección por sus conocimientos técnicos o por su capacidad para obedecer órdenes sin cuestionarlas nunca. La empresa no evalúa de antemano su capacidad para liderar y dirigir un equipo, y rara vez les apoya en su nueva función.

Esto crea gestores que se refugian detrás de las herramientas de control y multiplican los informes para justificar su función. Que organizan reuniones para controlar la información. Que también pueden tratar de dividir los equipos cuando no tienen otra forma de ejercer el mando.

Testimonio de persona con altas capacidades
Paul, responsable de métodos

«Un líder debe ser bueno en su trabajo para portarse bien con su equipo.»

Estos comportamientos ralentizan a los equipos y destruyen la creatividad.

¿No es absurdo matar la innovación por el fracaso de la dirección cuando el entorno actual exige a las organizaciones que valoren la rapidez, la audacia y la capacidad de invertir en los proyectos adecuados?

Para la persona con altas capacidades que piensa de forma lógica y global, este sistema de promoción de directivos es inaceptable.

....

Testimonio de persona con altas capacidades

Bénédicte, *coach*

«Después de una experiencia con un jefe agradable, me encontré con un joven y ambicioso directivo que asumía por primera vez un papel de director de equipos operativos. Nos presionaba enormemente, nos metía tres reuniones a la semana para controlarlo todo. Me alejaba de los temas interesantes. Yo tenía que producir y no hacerle sombra.

Carecía de competencias directivas y de ideas. Un día me di cuenta de que utilizaba las mías para mejorar su estatus ante sus superiores, sin mencionar nunca de dónde venían. Tuve la impresión de que intentaba empequeñecerme en lugar de hacerme progresar, y de que me utilizaba para mejorar su propio estatus. Se volvió intolerable.»

....

Por último, cuando un directivo asume un puesto de dirección sin tener competencias para ello, el personal con altas capacidades de su equipo pueden encontrarse en una situación de acoso moral debido al efecto espejo que reflejan en el directivo. Desestabilizado por las miradas de sus colaboradores, el directivo que se siente desafiado puede utilizar su posición jerárquica para adoptar a su vez un comportamiento agresivo o humillante.

....

¿Quién quiere estar en la piel del superdotado?

En realidad, el enemigo de la persona con altas capacidades, quien la empuja a tener comportamientos perjudiciales en la empresa, es el impostor. El verdadero impostor:

- *Es tal vez el colaborador que «hace como que trabaja» para dar la impresión de que está trabajando, alguien que se pasa una parte de su tiempo ocultando su incompetencia, mientras sus colegas, más discretos, hacen aquello por lo que a él le están pagando.*

- *Es el colaborador que no hace otra cosa que política, el que hace creer que él construye con los demás, pero, llevado por su ego, socava el rendimiento.*

- *Es también el jefe que no está en su sitio y hace sufrir a sus equipos porque no sabe dirigirlos.*

Nada escapa a quien posee altas capacidades, programado para captar todo aquello que no «pega». El colmo es que debido a la dificultad que tiene para gestionar sus emociones o para comunicarse claramente, a menudo es precisamente él quien pasa por ser la persona que no se comporta «como es debido». No obstante, su peor enemigo sigue siendo alguien que también tenga altas capacidades. El «tirano hipertóxico». Alguien con quien comparte el mismo funcionamiento cerebral y, porque funciona en parte como él, consigue ganarse su confianza para sacar provecho de sus fortalezas y jugar con sus debilidades.

....

Su talón de Aquiles: el directivo manipulador o perverso

El jefe tirano se siente atraído por los individuos con altas capacidades. Es un déspota, manipulador, que pone a todos bajo presión y fomenta activamente la inquietud y el miedo. Mientras esté en la fase de seducción, parece ser perfecto con sus equipos. Se muestra entrometido, pero no produce rechazo. Interroga hábilmente a sus empleados sobre su vida privada para averiguar cuáles son sus expectativas y sus temores. Estos últimos se sienten valorados y, a cambio, se comprometen en exceso con su trabajo.

¿Qué se puede hacer con un directivo tóxico?

Este directivo despliega todo su ingenio para mantener a los más eficientes bajo su yugo: arsenal jurídico, relación infantilizadora, culpabilización… En caso de conflicto, nunca se equivoca, siempre es culpa del otro.

Este dispositivo demuestra ser extremadamente eficaz ante alguien con altas capacidades que es por naturaleza una persona que duda. El director utiliza entonces su poder jerárquico para succionar su vitalidad, su fuerza mental, incluso su identidad. Los riesgos que conlleva son considerables.

A pesar de las apariencias, es el directivo narcisista quien necesita a quien tiene altas capacidades y no al revés, porque se alimenta de este. Tal necesidad se pone de manifiesto si este último abandona al directivo. Es en este punto donde este tipo de personaje muestra su verdadera cara. Ansioso, perdido, se vuelve violento.

....

Testimonio de persona con altas capacidades

Diana, *Key Account Director*

«Cuando me contrató una empresa de mujeres para un puesto de ventas, tenía el perfil que buscaban: licenciada, bastante guapa y totalmente trilingüe.

Mis primeras semanas estuvieron marcadas por un rápido éxito. Dominé el negocio, mi cartera de clientes, y alcancé muy rápidamente mis objetivos anuales. Esto no ayudó a mi integración en el equipo. Las demás empleadas, que no entendían cómo lo hacía, se pusieron celosas y se mostraron maliciosas. Al final de mi periodo de prueba, mi jefa me dijo que no quería mantenerme e incluso me dijo: "Eres la mejor, pero no me gustas".

Estaba hundida y profundamente herida. Esta mujer no cuestionaba mis resultados, sino la persona que era. Más allá del sufrimiento moral, del incesante cuestionamiento del "por qué", su actitud me parecía profundamente injusta.

Quería renovar mi período de prueba para demostrarle que era capaz de estar a la altura de sus expectativas. No soporto el fracaso y nunca me rindo. Después de otros tres meses, hice todo lo posible por adaptarme y "agradar", pero sin éxito. Fue una época horrible.»

¿Cómo detectar a los jefes tóxicos?

En la contratación:

- *Hacer caso de la intuición. La persona que se siente tratada como un niño, dominada o dependiente ante su interlocutor debe albergar dudas;*
- *Cuando el interlocutor plantea cuestiones que perturban, es aconsejable desconfiar.*

En el trabajo, los comportamientos que los delatan:

- *Dominan a todo el mundo;*
- *Tratan a los miembros de su equipo como objetos;*
- *Humillan a sus colaboradores, a veces en público.*
- *Son obsesivos con los detalles.*
- *Tienen comportamientos paranoicos, en ocasiones hipocondriacos.*

Los indicadores infalibles:
- *Costes de tribunales laborales, absentismo, rotación de personal, pero también investigaciones internas; los resultados que se salen de lo normal deben alertar;*
- *Las entrevistas de salida proporcionan indicadores y elementos de prueba utilizables en caso de quejas de los empleados.*

A este peligroso personaje todo el mundo lo conoce en realidad. Su relación particularmente dañina con quienes tienen altas capacidades ha sido descrita en obras famosas. Es el senador Palpatine convertido en emperador, el odioso Darth Sidious creado por George Lucas en la década de 1970 en *La guerra de las galaxias*. Fue él quien capturó en sus redes a alguien con altas capacidades, Anakin, perdido por su dificultad para controlar sus emociones. Bajo el dominio de Palpatine, el Jedi Anakin se convierte en Darth Vader y pone todo su poder al servicio de la construcción de un imperio cuyos valores no compartía a primera vista.

También son los *Dementores* —por oposición a los *Mentores*— de J.K. Rowling en la saga de Harry Potter, despreciables criaturas de las tinieblas que, para evitar que los reclusos escapen de la prisión donde están encerrados, les succionan el alma, dejando a sus víctimas en un estado vegetativo a veces irreversible. Se alimentan de la alegría humana y causan tristeza y desesperación a cualquiera que se encuentre en su proximidad.

Por encima de estas repugnantes criaturas se encuentra «El-que-no-debe-ser-nombrado», Voldemort, que es más bien un pervertido narcisista superdotado y que ataca ante todo a Harry Potter atraído por sus grandes habilidades.

En el mundo empresarial, Darth Sidious y Voldemort adoptan la forma de un líder; Darth Vader y los Dementores, la de un directivo. Sus víctimas no siempre son conscientes del lugar en el que están cayendo. Si lo hacen, no suelen hablar de ello porque poca gente les creerá, y mucho menos les ayudará. Para protegerse, a menudo no tienen otra solución que irse.

El recurso que se utiliza entonces para encerrar su discurso se llama una «transacción».

Proteger a quien tiene altas capacidades de estas personalidades dañinas

En lo que respecta al exJedi Darth Vader, es el amor filial el que lo salvará. Representa una imagen lo suficientemente fuerte como para movilizar su fuerza interior y liberarse de las garras de Darth Sidious. Por desgracia para él, no disfrutará de su libertad durante mucho tiempo.

En cuanto a Harry Potter, es en primer lugar uno de sus profesores y mentor quien le mantendrá alejado de los Dementores mediante un hechizo, un espíritu protector que proyecta fuerzas positivas como la esperanza, la felicidad o las ganas de vivir. Cuando tiene que enfrentarse a Voldemort, es el más poderoso de todos ellos quien le dará las claves para salir por su cuenta. Le enseñará a generar su propio escudo contra las criaturas tóxicas, el que corresponde a su personalidad más profunda.

Estos personajes extremadamente dañinos representan el 2,5 % de la población, según la terapeuta conductual y cognitiva Isabelle Nazare-Aga [39]. Dentro de las empresas, hay casi el doble entre los mandos intermedios y el 20 % entre los ejecutivos directivos.

Los equipos afectados rara vez denuncian sus prácticas por las posibles represalias. Las víctimas evitan acudir a los tribunales porque es muy doloroso pensar en lo que les ha hecho sufrir. Solo después de la aparición de sucesos muy graves, como la epidemia de suicidios en France Télécom, comienzan a manifestarse las quejas.

---

39. Isabelle Nazare-Aga, *Les Manipulateurs sont parmi nous*, Les Éditions de l'Homme, 2015.

¿Es posible prevenir o detener estos incidentes? La responsabilidad penal de los directivos en caso de prácticas tóxicas demostradas debería subrayar la importancia de hacer frente a estos comportamientos lo antes posible.

....

Testimonio de persona con altas capacidades

Marcos, CIO

«En mi empresa, la mayoría de los ejecutivos del comité ejecutivo son tóxicos. Nadie lo ignora, lo que les ha convertido en maestros en el arte de "encubrirse". Su última idea es imponer a todos los responsables (salvo ellos mismos) seguir una formación de riesgos psicosociales. Lo cual les permite presentar la empresa como un modelo de excelencia y contrarrestar así el deterioro de los indicadores sociales.

Esto lleva a situaciones absurdas: el director de RR.HH. se negó a proporcionar a mis equipos una formación en Python[40], que era realmente útil, con el pretexto de que este año todo el presupuesto estaba destinado a esa formación en riesgos psicosociales. La «coartada» del comportamiento de los directivos tiene prioridad sobre las necesidades reales de los equipos para hacer su trabajo correctamente. Lo cual genera aún más estrés.»

....

• •

¿Se pueden transformar los comportamientos directivos desviados?

En palabra de Ivan Maltcheff, coach de directivos: «Cuando alguien es consciente de su impacto perjudicial y está dispuesto a cambiar, se pue-

_____

40. Python es un lenguaje de programación multiplataforma que admite la programación estructurada, funcional y orientada a objetos.

den hacer las cosas de otra manera. Hay personas que sufren con su forma de actuar y es para ellas un alivio encontrar maneras alternativas de comportarse».

El acompañamiento mediante formaciones para directivos orientadas o a través del coaching puede dar resultados si el jefe se esfuerza durante varias semanas en practicar nuevas interacciones con sus equipos.

Las neurociencias dan pistas de soluciones: los trabajos de Tania Singer sobre el desarrollo de la empatía recomiendan prácticas de meditación a fin de cultivar el nivel justo de empatía y de cooperación con los demás.

•••

En 2000 Harry Potter se libera de las garras de Voldemort después de varios años; Darth Vader, veinte años antes, no sobrevivirá a sus años de propagación del mal bajo el control de Darth Sidious. Apostemos a que veinte años después del estreno de Harry Potter, las empresas se aplicarán para neutralizar a los personajes tóxicos.

•••

Separarse de un directivo tóxico: una misión (im)posible

El Sr. Pierre Chicha [41]*, abogado del Colegio de Abogados de París, recomienda seguir varios pasos para asegurar una acción frente a comportamientos tóxicos probados y recurrentes.*

Paso 1 - Recopilar pruebas del comportamiento tóxico: consultar las mediciones del clima social y los índices de absentismo. Estos indica-

---

41. Entrevista a Pierre Chicha (2018), abogado del Colegio de Abogados de París, especialista en derecho social.

dores, sumados a las reclamaciones de los trabajadores (ante los organismos pertinentes de salud o trabajo), permiten elaborar un expediente.

Paso 2 - Tomar precauciones para actuar con eficacia: en caso de denuncia, es necesario investigar muy rápidamente poniendo entre la espada y la pared al directivo «acosador» hasta la decisión de los tribunales laborales. Este procedimiento, para que sea válido, debe iniciarse en un plazo de dos meses desde que se tiene conocimiento del problema.

El Sr. Chicha subraya que es conveniente prevenir estos riesgos utilizando indicadores de rendimiento social al mismo nivel que los indicadores financieros. Dados los riesgos humanos y los costes asociados al comportamiento desviado de los directivos, es mejor prevenir que curar.

● ●

Y si la persona más tóxica de una empresa es tu líder, ¿qué ocurre? Las implicaciones son de gran alcance, ya que su comportamiento repercute en el de toda la línea directiva.

Si algunos de los elementos que se muestran para reflejar el clima social general de una empresa pueden estar sesgados (ya sean las encuestas internas, la puntuación obtenida en Glassdoor o las múltiples etiquetas pagadas que utilizan las empresas para justificar su calidad de «buen» empleador), hay otros que son difíciles de manipular: la tasa de rotación, el absentismo y el número de condenas de los tribunales laborales. La comparación de estos últimos con los observados en otras empresas del sector debería hacer saltar la alarma si son anormales. A esto se suman las dificultades de contratación, porque cuando una empresa trata mal a sus empleados el boca a boca en su mercado es poderoso.

Sin embargo, el tiempo puede encargarse de restablecer la forma correcta de actuar, ya que el comportamiento desviado de un líder suele ir más allá de sus prácticas directivas. Pone en riesgo la reputación de la empresa y, en última instancia, repercute en sus resultados económicos.

....

Testimonio de persona con altas capacidades

Soline, directora general

«Conocí a ese directivo con una inteligencia particular durante una entrevista de contratación. Muy pronto, su comportamiento ambiguo me perturbó: humano o despectivo, a veces violento. Seductor o depredador, era un hombre ansioso y paranoico que tenía una necesidad patológica de controlarlo todo. Le dejé creer que me dominaba para tener la fiesta en paz.

Aplastaba sin piedad a los «débiles», los humillaba en público. Me pregunté qué justificaba tal actitud. Cuando él necesitaba a alguien, había que dejarlo todo para cumplir con sus exigencias, incluso si eso significaba interrumpir una reunión con diez personas. No podía esperar...

Manipulador, era un entrometido. Me interrogó sobre mi vida privada para encontrar un resquicio en el que pudiera hincar el diente. De forma solapada, hacía conmigo un trabajo de destrucción mental: comentarios que denigraban a todos los que le rodeaban (competidores, clientes, fundadores de las empresas que compraba), comentarios especialmente despectivos sobre las mujeres y observaciones destinadas a hacerme creer que yo no sería nada sin él.

No dejaba pasar nada a nadie, ni siquiera los errores sin consecuencias, y manejaba de maravilla el arte de tener siempre la razón. Tenía una extraña habilidad para mentir aparentando sinceridad. Incapaz de funcionar en otra cosa que no fuera una lucha de poder, era el divide y vencerás. Pese a todo ello, durante mucho tiempo siguió siendo a mis ojos intelectualmente seductor.

¿Cómo calificar este comportamiento?: ¿tiránico?, ¿manipulador?, ¿pervertido? Tuve que tomar distancia para darme cuenta de la toxicidad del personaje.»

En resumen

Detrás del rendimiento extraordinario y del compromiso del personal con altas capacidades también hay debilidades.

Íntegros y comprometidos, atrapados por las expectativas de los demás, a veces se ajustan tanto al ideal de liderazgo de su organización que pierden aquello que les da fuerza.

Especialmente sensibles a las culturas, las organizaciones de las empresas y las prácticas de gestión que los explotan al máximo pueden, al confrontarse con ellas, agotarse, perder parte de sus capacidades cognitivas y dejarse arrastrar por comportamientos destructivos.

Cobrar conocimiento de estos riesgos permite actuar sobre el entorno de trabajo y el comportamiento de los directivos para limitar su impacto.

PARTE II

DIRECCIÓN DE LAS PERSONAS CON ALTAS CAPACIDADES

Confiar en la inteligencia colectiva

Quienes tienen altas capacidades son naturalmente exploradores, descubridores, constructores, líderes.

Aportan a la empresa un pensamiento estratégico e incluso filosófico. Su pensamiento se adapta constantemente a las novedades. Crean y construyen, a pesar de los obstáculos, con valor y sin descanso. Son capaces de encontrar los medios para hacer realidad cualquier proyecto que se les encomiende arrastrando consigo a los demás empleados. También saben pensar de forma conceptual, radical y crítica cuando es necesario.

Sacar a relucir su talento en la empresa no siempre es fácil. Sin embargo, es esencial para que tengan un buen rendimiento. En un entorno que les permite cultivar sus puntos fuertes, generan inteligencia colectiva y logros excepcionales con sus compañeros de equipo. Cuando alcanzan posiciones estratégicas o de responsabilidad, llevan a los demás a superarse a sí mismos y a triunfar cada vez mejor.

Bloqueados en puestos que no les permiten expresar plenamente su talento, o si caen bajo el dominio de un directivo tóxico que les despoja de él, ya no pueden movilizarlos en su trabajo. Se apagan.

El rendimiento de un empleado con altas capacidades depende en realidad de un equilibrio entre la consideración de sus características específicas y el respeto del marco de la empresa. Este equilibrio debe encontrarse y mantenerse en todo momento. Influido por el contexto de la organización, su gobernanza, su cultura y sus métodos de gestión, la calidad de su trabajo depende de la capacidad de su entorno inmediato para estimularle suficientemente, pero también para garantizar su «seguridad psicológica». Estas dos condiciones son esenciales para optimizar sus resultados y sus interacciones con los demás.

Esta parte es la continuación de la primera y ofrece al empresario o directivo que tiene que trabajar con personal con altas capacidades soluciones para establecer y mantener el entorno necesario para el éxito colectivo.

4

CREAR UN ENTORNO ATRACTIVO Y GENERADOR DE RENDIMIENTO

«Vive como si fueras a morir mañana, aprende como si fueras
a vivir para siempre.»
Gandhi

Los empleados con altas capacidades no son tratados de la misma
manera en las diferentes culturas empresariales. Las organizaciones
que tienen una cultura muy francesa o muy española suelen ser
elitistas y rígidos en sus prácticas. Los diplomas priman sobre la
personalidad, el potencial y la aplicación de las cualidades humanas. Muchas organizaciones solo contratan a candidatos para determinados puestos que proceden de las mejores escuelas o que ya han
hecho aquello para lo que se les contrata, y a ser posible de uno de
sus competidores directos. Seguros de la norma y de la reproduc-
ción de lo ya hecho, sobrevaloran el «molde». Esta tendencia se refleja en todas sus políticas de RR.HH.: remuneración, aumentos,
ascensos, formación, etc. Esto limita las posibilidades de los empleados con altas capacidades si no tienen las «etiquetas» adecuadas
desde el principio, y demuestra una falta de comprensión o una
voluntad de no tener en cuenta los puntos fuertes de las *stars*.

Javier G. Recuenco —presidente de Mensa España entre
2020 y 2022— me comentó que la asociación propone una bol-

sa de trabajo para ayudar a los Mensistas a encontrar un empleo que corresponde a sus cualificaciones. Algunos pueden tener carreras complicadas y encontrarse en puestos inferiores a lo que deberían.

Los entornos anglosajones parecen más pragmáticos. En sus prácticas de RR.HH., las empresas hacen hincapié en los logros demostrados o en las cualidades adquiridas en la organización más que en los títulos. Consideran que todos los empleados tienen talentos que desarrollar, sea cual sea su origen y procedencia. Lo importante es cómo gestionarlos y movilizarlos. Son más favorables al desarrollo de todos los tipos de talento. La alta capacitación es un activo, un capital social que se valora mucho.

Por ejemplo, el Ministro de Economía holandés dice: «Estimular el talento de los superdotados puede ser muy beneficioso para la economía del conocimiento. Esto es especialmente cierto cuando se buscan soluciones nuevas e inteligentes a problemas importantes, cuando se necesita valor para realizar experimentos. Tenemos que dejar de ver a los superdotados como irritantes sabelotodo, y empezar a aprovechar sus dotes animándolos [42].

Los entornos internacionales son ideales para los individuos con altas capacidades, ya que suelen combinar lo mejor de cada cultura.

La conciencia de la necesidad de contar con talentos no habituales para progresar está abriendo el camino a verdaderas estrategias de RR.HH. para desarrollar todo el potencial de una empresa.

En este capítulo se examinan las estrategias que funcionan especialmente bien con quienes tienen altas capacidades.

---

42. Frans Corten, Noks Nauta, Sieuwke Ronner, «Highly intelligent and gifted employees: key to innovation?», Documento de la Conferencia Internacional de DRH, 2006, Ámsterdam.

Millennials, séniores, mujeres con altas capacidades: ¿el futuro de las empresas?

Millennials con altas capacidades y empresas: una ecuación imposible

Considerados como raros, indecisos, impacientes, sensibles, caprichosos, a veces perezosos, alérgicos a la autoridad y a las contradicciones, los millennials parecen diferentes a sus predecesores. Se dice que están atrapados entre la adolescencia y la edad adulta, con una visión muy particular del mundo. Se les califica de idealistas. Algunos se refieren a ellos como la generación del «copo de nieve», en reconocimiento a la naturaleza del propio copo de nieve, que «no soporta nada, se derrite».

Nacidos en un mundo digital, acostumbrados a la inmediatez, no tienen ciertamente la misma formación en el esfuerzo que sus mayores. Habiendo visto a sus padres sufrir las consecuencias de las crisis económicas y de los fracasos de gestión, ya no se adhieren al mito de la empresa que, a cambio de un salario y del sometimiento a sus reglas, ofrecería perspectivas de desarrollo y una vida profesional segura. No les hace soñar. Cuando entran, buscan una misión más que un trabajo, un entrenador más que un jefe, y quieren tener influencia en lo que hacen. Abandonan cuando lo que encuentran no coincide con sus aspiraciones.

Sin embargo, saben lo que quieren. Lo cual no impide que necesiten orientación para lograrlo. Les gusta trabajar, pero de forma diferente. Aprecian la tecnología digital, pero también las relaciones humanas. Quieren tener un impacto positivo en el mundo, de cuyas derivas son conscientes. Así, no dudan en boicotear a las organizaciones cuyas acciones no les convienen, como demuestra el «manifiesto por un despertar ecológico» firmado por 10.000 estudiantes de grandes escuelas para denunciar el «*greenwashing*», una forma de comunicación mediante la cual las empresas fingen ser respetuosas con el medio ambiente mientras actúan de forma contraria.

También rechazan el «*happy washing*» que practican las empresas que se compran una marca de empleador en lugar de cuestionar sus prácticas de gestión o la organización del trabajo.

Las empresas sufren tanto cuando se trata de entender a los millennials como cuando tratan con quienes tienen altas capacidades. Ahora bien, si estos últimos representan solo el 2,3 % de la fuerza laboral, los millennials representarán la mitad de la fuerza laboral en 2020.

¿Y qué decir del reto para la empresa si quiere atraer a personas que combinen su condición de millennials con tener altas capacidades? Sin embargo, necesitan esas competencias digitales diferentes.

¿Francia será pronto será excluida del mercado de cerebros?

Según Laurent Alexandre [43], «hoy en día se está desarrollando un nuevo mercado que atañe [...] a los cerebros de los investigadores e ingenieros. La batalla se libra para atraerlos. La inteligencia artificial es el principal reto económico y político: su regulación y gobernanza afectarán a nuestro futuro. Los cerebros biológicos capaces de gestionar, organizar y regular la IA valen cada día más. Los pequeños genios que dirigen los GAFA, como Zuckerberg, Page o Brin, ganan miles de millones de dólares atrayendo a los mejores especialistas. Los gigantes digitales están construyendo sus imperios comprando una cantidad increíble de talento

---

43. Artículo de Laurent Alexandre, «Le mercato des cerveaux», *L'Express*, 28 de junio de 2018.

por millones de dólares. [...] El Financial Times reveló que [...] en Google un ingeniero de gran talento había superado la marca de los 100 millones de dólares de bonos.

Francia no comprende bien el fenómeno del capitalismo cognitivo, en el que los perfiles capaces de organizar la inteligencia artificial son cada vez más caros. El deseo de reducir al máximo las desigualdades entre los empleados, la resistencia sindical y la falta de capacidad financiera o de respuesta de las empresas están provocando una fuga de cerebros.

Francia podría convertirse, según él, en una "colonia tecnológica" de los gigantes de la IA».

Si Google acuerda con un ingeniero un bono de 100 millones de dólares, ello no se debe a que Larry Page haya perdido la cabeza. Probablemente calculó el retorno de la inversión del trabajo del ingeniero antes de conceder ese bono. Una vez terminado ese trabajo, probablemente podrá prescindir de él y probablemente ahorrarse muchos otros sueldos gracias a los avances que ha logrado.

No todas las empresas tienen los recursos de Google para atraer a los millennials con altas capacidades, pero todas tienen la capacidad de llevar a la práctica nuevas formas de colaboración, organización y dirección para resultar atractivas a poblaciones que nunca funcionarán como otras.

Sacar partido a los «séniores» con altas capacidades: una necesidad

Está claro que, a pesar de sus dificultades para atraer a los millennials, algunas empresas también se están privando de las valiosas competencias de las personas etiquetadas como «séniores» con

45 años, aunque a menudo solo estén a mitad de su trayectoria profesional.

Esta terminología para designar a las personas que pueden acceder a la segunda entrevista profesional —obligatoria en Francia en las empresas de más de cincuenta trabajadores— parece revelar una concepción del ser humano que supone que a partir de cierta edad el individuo ya no es capaz de aprender. Esto es contrario a la forma en que funcionan las personas con altas capacidades, deseosas de aprender hasta el final de sus vidas. También es contrario a los hallazgos neurocientíficos sobre la plasticidad del cerebro.

Cuando quien posee altas capacidades se convierte en «sénior», entra en la parte de su vida laboral en la que, dada su experiencia, puede ser más productivo en materia de innovación. Steve Jobs tenía 45 años cuando inventó la estrategia que revolucionó Apple con el concepto del «centro digital» en el que el ordenador gestiona todos los aspectos de la vida de una familia.

· ·

¿Las innovaciones surgen de jóvenes genios o de viejos maestros?

Las investigaciones demuestran que, si la innovación conceptual proviene de personas jóvenes, la mayor parte de las innovaciones están vinculadas a la experiencia y tienen su origen en personas de mayor edad que, habiendo tenido un espíritu creativo toda su vida, son más productivos a una edad avanzada. Es, por tanto, entre los 46 y los 60 años cuando la producción de innovación es óptima, Da fe de ello el número de poseedores de patentes por franjas de edad en los Estados Unidos.

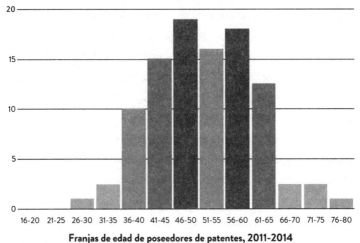

Franjas de edad de poseedores de patentes, 2011-2014

Fuente: Information, technology and innovation.

¿Quién puede hoy en día permitirse el lujo de privarse de recursos valiosos para la innovación? Los séniores con altas capacidades forman parte de ellos.

Potenciar a las mujeres con altas capacidades, una oportunidad

«Sé inteligente, pero cállate». El día a día en la empresa de las mujeres con altas capacidades puede ser difícil de soportar. Para quienes combinan el hecho de ser mujer con tener un tipo de inteligencia diferente, los techos de cristal se acumulan. Cuando invaden «naturalmente» áreas tradicionalmente reservadas a los hombres en posiciones privilegiadas, se las utiliza para quedar bien o se las deja de lado y se las presenta como una fuente de problemas que hay que neutralizar.

Además, algunas mujeres tienen la costumbre de ser demasiado discretas. La consecuencia directa es que esta actitud las aleja de puestos a los que habrían tenido acceso simplemente si hubieran sido hombres. Como resultado, a veces renuncian a encontrar la plenitud en su vida profesional. Se hace difícil reparar en ellas. Sin embargo, no hay menos mujeres con altas capacidades que hombres, pero constituyen el activo más silencioso y discreto de la empresa.

A principios del siglo xx, la psicóloga estadounidense Leta Hollingworth se propuso combatir el prejuicio de que los hombres tenían más talento que las mujeres, realizando una investigación con niños y niñas con altas capacidades que demostró que no hay diferencia entre los sexos en cuanto a niveles de inteligencia.

Sin embargo, cuando las mujeres superdotadas logran superar los obstáculos y ocupar el lugar que les corresponde en la empresa, sus habilidades y cualidades interpersonales, combinadas eficazmente con las de los hombres, producen resultados excepcionales en términos de movilización de equipos, comprensión de las necesidades de los clientes y construcción de respuestas.

Consciente de la escasez de talento en áreas cruciales, algunas organizaciones están adoptando un enfoque proactivo para atraer y valorar a las mujeres, convirtiendo sus acciones hacia ellas en una ventaja competitiva para contratar mejor o ganar mercados. Una estrategia de diversidad suele ser, ante todo, una cuestión de *business*.

Los estadounidenses, pragmáticos, llevan mucho tiempo aprovechando las aportaciones de las mujeres con altas capacidades.

•••

Mujeres con altas capacidades a la conquista del espacio

En 1941, Franklin Roosevelt, convencido de que la guerra se libraría en el aire, impulsó la contratación de matemáticos e ingenieros en el Departamento de Defensa. La ausencia de hombres —estaban en combate—

obligó a los organismos federales a poner fin a la segregación y a reclutar mujeres.

La matemática Dorothy Johnson Vaughan se incorporó a una división exclusivamente femenina de un centro de investigación del que asumió su dirección en1 949. Aquellas brillantes mujeres afroamericanas, apodadas «ordenadores con faldas», realizaban complejos cálculos a mano.

Consciente de que la siguiente etapa de las matemáticas exigiría el cálculo informático, Dorothy Vaughan modificó radicalmente su profesión, se formó en programación y se la enseñó a sus colegas. Todas ellas participaron en el proyecto Mercury, el primer programa espacial norteamericano que envió a un estadounidense al espacio.

Antes, los ingenieros eran todos hombres blancos con la misma formación. A través de su Think Different, aquellas mujeres desafiaron las certezas y creencias del colectivo de hombres, hasta el punto de conseguir hacer despegar el transbordador espacial.

La NASA acababa de lograr lo imposible gracias a la integración de mujeres con altas capacidades en sus equipos.

....

Actuar en la cultura de la empresa para facilitar el compromiso

El compromiso de los empleados es un reto para la mayoría de las empresas.

Esto es cierto para todos los empleados, pero aún más para los que tienen altas capacidades. Las políticas para generar compromiso no se dirigen específicamente a ellos, pero también es beneficioso para su integración en un equipo lo que se aplica para todos.

• •

El compromiso con el trabajo en Francia: ¿una gran ilusión?

Según una investigación realizada por el instituto de estudios norteame-
ricanos Gallup, referencia mundial sobre el compromiso de los asalaria-
dos, en el trabajo en marzo de 2018:

- *El 6 % de los asalariados franceses se sienten comprometidos con*
  el trabajo e implicados en sus objetivos;
- *1 de cada 5 franceses se declara desvinculado y expresa su sufri-*
  miento de forma activa.

Francia se sitúa en el penúltimo rango de la clasificación europea,
con un promedio de asalariados comprometidos con el trabajo, que gira
alrededor del 10 % en Europa y del 33 % en los Estados Unidos.

• •

Muchas empresas han comprendido la necesidad de involu-
crar al personal con talento y están tomando medidas para adaptar
su cultura, organización y estilo de dirección. Conseguir que ha-
blen es un reto. El camino para lograr el cambio organizativo implica ensayo y error y lleva tiempo. Además, siempre hay una brecha considerable entre lo que un líder pretende hacer y cómo sus
acciones son experimentadas o percibidas por los empleados, y
también entre la intención y la realización de su visión.

Por eso es valiente exponerse para compartir una experiencia
de cambio necesariamente imperfecta e inacabada. Sin embargo,
más vale una acción imperfecta que una perfecta inacción.

Los modelos organizativos que funcionan con personas con
altas capacidades priorizan la innovación, la confianza y la potenciación de los equipos en el contexto de una ética compartida.
Ofrecen perspectivas de desarrollo a los empleados cuyo talento
puede crecer mediante la expresión de su singularidad. Dan prio-

ridad a los directivos intuitivos y emprendedores, que son a la vez ambiciosos y humanos.

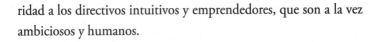

Libertad, singularidad, ejemplaridad

Paul-Marie Chavanne, coautor con Olivier Truong de La Bienveillance en entreprise: utopie ou réalité (Eyrolles, 2017), desarrolla la visión que le impulsa como presidente de Géopost y hace campaña para crear relaciones más serenas en las empresas.

Según él, las organizaciones están al servicio de la empresa, pero deben adaptarse a las personas elegidas para dirigirlas. «Las personas no son intercambiables [...]. Hay que poner a las personas adecuadas en los lugares adecuados. Esta es una función esencial del líder»[44]. Apegado a la fuerza de la inteligencia colectiva, explica, a fin de poder movilizarla, las virtudes de un clima que combine la libertad con el respeto mutuo: «Si las personas se odian, se temen, no quieren revelar sus proyectos, ponen barreras en lugar de tender puentes, todo se desvirtúa. Por el contrario, [...] cuando la gente es libre de hablar, cuando se siente preocupada por el mismo asunto, es capaz de llegar al fondo de la cuestión, incluso en temas muy difíciles».

La ejemplaridad de la dirección es, para él, esencial por el efecto de contagio que suscita: «Cuando hay suficientes personas que se esfuerzan por vivir estos valores, se produce una mejora permanente. A las personas que tienden a comportarse de forma diferente se las invita [...] a cambiar su actitud».

La ejemplaridad del líder es un elemento esencial en la implantación de una cultura de empresa. Cuanto más coherente sea

---

44. Entrevista con P.-M. Chavanne en *Terre de compassion* (noviembre de 2017).

su comportamiento con los valores que defiende, cuanto más coloque en puestos clave a personas que compartan, apliquen y valoren estos valores a diario, más fácil le resultará atraer a empleados con altas capacidades.

Esta noción de ejemplaridad, que también es muy querida por los millennials, se encuentra en muchas *start-ups*. Este es el caso de Unow, donde todos velan por contratar únicamente a personas que se adhieran a los valores defendidos por la empresa y sean capaces de ponerlos en práctica a diario.

Entre estos valores, el titulado NAMASTÉ [45] anima a cada empleado a cuidar siempre de sí mismo y de los demás. Ello está en consonancia con la concepción de un entorno de trabajo que permita a cada persona encontrar su propio equilibrio para tener éxito, tener aguante y sentirse realizada.

La persona con altas capacidades se compromete con valores encarnados en el día a día

La empresa ideal tiene una visión impulsada por su líder

Ese alto directivo nutre esta visión. Observa y percibe lo que ocurre con sus competidores, en sus mercados y en otros lugares. Adapta la estrategia de la empresa a la evolución de su entorno. Aprende de los errores de los demás para evitarlos. Abandona regularmente su rutina diaria y evita a los cortesanos. Al dejar que se exprese la inteligencia asentada en el terreno real, nunca pierde de vista lo esencial. Sabe rodearse de otros, intercambia y comparte regularmente su experiencia con los demás, y no solo con sus com-

---

45. *Namasté* proviene del sánscrito, la lengua sagrada de la India, y se utiliza hoy en día para expresar un saludo, dar las gracias o pedir algo, además de ser una señal de respeto.

pañeros. Él también se entrena y aprende a lo largo de su vida. Comunica sus valores.

Emmanuel Faber, exlíder atípico de Danone y autor de *Chemins de traverse: vivre l'économie autrement* [46], comunica sobre unos fuertes valores económicos y a la vez éticos: humanismo, apertura, proximidad y entusiasmo. Durante una ceremonia de graduación en la escuela HEC, hizo arder las redes con un discurso en el que defendía la interdependencia de los objetivos económicos y sociales en los que debe basar su desarrollo una empresa moderna y responsable. Todo esto pone de manifiesto la necesidad de compartir valores y una visión con el personal con altas capacidades para que se adhieran a ella y pongan toda su energía en ayudar a conseguirla.

El reto, en consecuencia, es encarnar esos valores a diario, a pesar de todas las tentaciones de apartarse de ellos.

Prioridad a la autenticidad y a las relaciones humanas

Amélie Nothomb describe su experiencia como joven aprendiz en una empresa japonesa [47]: «Yumimoto era una de las mayores empresas del universo. [...]. En Yumimoto el dinero superaba lo humanamente imaginable. A partir de cierta acumulación de ceros, los importes abandonaban el dominio de las cifras para entrar en el territorio del arte abstracto [...]. Al igual que los ceros, los empleados de Yumimoto solo adquirían algún valor cuando se situaban detrás de otras cifras. Todos menos yo, que ni siquiera alcanzaba la categoría de cero».

La descripción del daño causado a una persona con altas capacidades por los directivos de esa sociedad hiperjerárquica y ultraestandarizada es llevada al extremo en este relato autobiográfico.

---

46. Emmanuel Faber, *Chemins de traverse: vivre l'économie autrement*, Albin Michel, París,2011.

47. Amélie Nothomb, *Stupeur et tremblements*, París, Albin Michel, 1999 (trad. cast.: *Estupor y temblores*, Barcelona, Anagrama, 2000).

El hecho es que, para trabajar bien con personal con altas capacidades, la empresa debe ser primero auténtica y humana. Se preocupa por las personas que trabajan para ella y las respeta. Valora la capacidad de escuchar. Sus directivos dan prioridad a «decir la verdad» y no al sentido político. Tiene en cuenta el bienestar de sus empleados y protege a los que tienen un alto rendimiento, pero también a los demás. Al hacerlo, crea las condiciones para un bienestar duradero.

....

Testimonio de persona con altas capacidades

Ana, psicopráctica, *coach* profesional, formadora, conferenciante

«Hubo una época de mi vida laboral en la que era la única mujer del equipo y trabajaba con compañeros amables y de mente abierta que se interesaban por todo. Hablábamos de todo y de nada y nos divertíamos mientras trabajábamos. Cada uno compartía sus pasiones. Para uno, era la cerveza; para otro, la venta de artículos de segunda mano, y para mí el piano, el oboe, la equitación, el canto. Me las arreglaba para hacer todo esto además de mi trabajo y de mis tres hijos pequeños a los que cuidaba yo sola porque acababa de divorciarme.

Hablábamos de nuestras vidas, era una dinámica realmente humana. La gente dice que, a la empresa, tienes que venir sin tu vida personal. Eso no es posible. Una persona es una entidad, no se puede cortar en dos.

Nunca llegaba a la misma hora, ni me iba a la misma hora. Para poder sentirme a tope, necesitaba la mayor libertad posible. No había relaciones jerárquicas rígidas. Cada cual tenía un papel y sabía cómo contribuir al proyecto de la empresa.

Nos decíamos las cosas sin tapujos, sabíamos escucharnos, incluso cuando no estábamos de acuerdo. Nos aceptábamos tal y como éramos. Nadie tenía un disfraz. no había un jefe, ni un director financiero, ni un director comercial, todos éramos nosotros mismos. Colaborábamos. A veces había un alegre alboroto, pero éramos hipereficientes.»

Acciones alineadas con los valores declarados

El marketing que la empresa organiza en torno a sus valores no engaña a nadie con altas capacidades. Para movilizar, esos valores deben traducirse en acciones de las personas que los encarnan. Los superdotados captan espontáneamente todas las contradicciones. Odian las palabras vacías.

Testimonio de persona con altas capacidades
Solenn, consultora de contratación

«No tiene ningún sentido proclamar la diversidad entre los valores, contratar a personas diferentes en el marco de unas políticas de diversidad y luego decirles que se ajusten a las normas.»

Libertad y autonomía: una necesidad para activar el talento

Lo que permitió a las organizaciones tradicionales tener éxito durante varias décadas ya no es relevante. El entorno competitivo y el mercado laboral han cambiado radicalmente. Para seguir siendo competitivas, las organizaciones deben adaptarse a las necesidades de sus empleados, cuyo talento es fundamental para su supervivencia, o arriesgarse a perder su capacidad de contratación.

Evolucionando al compás de los talentos que la componen es como progresa una organización. Como el talento y el rendimiento están estrechamente vinculados, la agilidad de una empresa y su capacidad para tener en cuenta a las personas son ahora esenciales para su solidez.

· ·

Las «pequeñas» redes de líderes y directivos humanistas que están surgiendo

La ambición de EVH es acompañar a los líderes en la transformación de sus empresas compartiendo sus iniciativas para que los directivos y empleados sean más libres, conscientes y responsables.

«Los jefes sienten que algo ya no funciona, que hay que hacer las cosas de otra manera. Para que nuestros hijos puedan vivir en un mundo mejor, tenemos que dejar las máscaras, dejar de desconectar con nuestras aspiraciones, nuestras entrañas y nuestra alma [48]», afirma Gilles Poirieux, su presidente.

EKLORE es un movimiento cultural por la humanidad en el trabajo. Su ambición es inspirar y reunir a quienes se comprometen a dar un sentido humano a su actividad para construir empresas éticas. Solenn Thomas, su presidenta, afirma: «Estoy firmemente convencida de que hay personas de mente abierta en todos los niveles de las empresas. Creo que estamos atrapados en una situación sistémica global. Por decirlo con una metáfora: más que los peces, quizá sea el agua del acuario la que haya que cambiar [49]».

· ·

Crear autonomía a todos los niveles

Una persona con altas capacidades solo puede funcionar bien cuando la empresa fomenta la autonomía. Sabe gestionar un mar-

---

48. Prefacio de *Reinventar las organizaciones*, de Frédéric Laloux, *op. cit.*
49. Cuenta en LinkedIn de Solenn Thomas.

co restringido, siempre que los equipos tengan libertad para organizar su trabajo. Se compromete a contribuir al proyecto colectivo.

....

Testimonio de persona con altas capacidades

Philippe, director de operaciones

«Cuando dirigía un gran grupo, solía decir a mis equipos: "Es viernes por la tarde, vamos a reunirnos todos el lunes a mediodía en la estación de Saint-Charles [en Marsella]. No me importa cómo lleguéis allí. En cambio, quiero que nos mantengamos informados de dónde estamos, y si hay algún problema, debemos poder hablarlo con antelación para encontrar soluciones. No llegar a tiempo a la reunión sin haber avisado a los demás es una falta grave".»

....

• •

Fidelizar el talento mediante la confianza y la autonomía

Jérôme Armbruster, cofundador y presidente de HelloWork, constata que la diversificación de las actividades complica los procesos de decisión. Él recrea pequeñas empresas en la grande a fin de favorecer en la medida de lo posible la toma de decisiones sobre el terreno [50].

¿Qué estructuras para responsabilizar a los equipos?

«En el centro hemos situado binomios de Business Unit Managers y Product Owners, autónomos en la gestión de su presupuesto, los productos, el planning y los desarrollos.

    Alrededor, unas áreas especializadas compartidas trabajan a su servicio garantizando un mismo nivel de excelencia en el conjunto de activi-

---

50. Entrevista con Jérôme Armbruster, cofundador y presidente de HelloWork, filial del grupo de prensa *Le Télégramme*, que emplea a 250 personas y tiene un volumen de negocio de 38 millones de euros con cinco actividades digitales y nueve marcas (diciembre de 2018).

dades. La DAF, la DRH y la DG se sitúan asimismo como funciones expertas.»

¿Con qué resultados?

«La velocidad y la energía se multiplican. La reducción de los circuitos de decisión elimina una parte de las fricciones internas. Reuniones regulares con todos los directivos del Grupo aseguran la sincronización de las acciones y la superación de eventuales dificultades. La energía se pone en los productos, la relación con los clientes y la lucha con la competencia.»

¿Qué dificultades plantea su puesta en marcha?

«Los directivos tienen que "dejarse llevar", aprender a tener confianza y dejar que sus equipos funcionen de una manera diferente a la que ellos hubieran imaginado. Los asalariados han aprendido a ser transparentes con sus éxitos, pero también con sus dificultades. El accionista ha tenido que adaptarse. Acostumbrado a un modo de funcionamiento clásico, le cuesta concebir que el director general ya no lo controle todo, pero ha acabado por admitir que el líder de la empresa, para avanzar con rapidez, ya no puede estar siempre al tanto de todo.»

••

Las empresas que dan libertad a sus empleados con altas capacidades suelen ser las más eficaces, siempre que se hayan asegurado de antemano de que estos han comprendido las reglas del juego y que mantengan un sistema de control benévolo. El vínculo entre la potenciación del equipo y el crecimiento orgánico se verifica a menudo.

Netflix se ha convertido en un gigante mundial del entretenimiento en parte gracias a una cultura corporativa que ha permitido a los empleados evolucionar con agilidad y recuperarse de cualquier escollo. Las principales dimensiones destacadas por las personas que trabajan allí son la valoración del alto rendimiento y la libertad combinada con el sentido de la responsabilidad.

Clémence, directora de marketing

«Me incorporé a una *start-up* cuyo modo de funcionamiento descansa sobre la confianza "por defecto", El impacto inmediato que ello provoca es aumentar la exigencia conmigo misma. El objetivo, en un entorno así, no es complacer, sino más bien no defraudar. Mi motor interno es diferente. Recurro a recursos más profundos. Todo está optimizado para el rendimiento. Nadie se siente obligado a marcarse faroles y todos aportan únicamente pruebas reales de su competencia. El proceso de contratación es selectivo, la incorporación está muy regulada y la evaluación es periódica, benévola y colegiada (revisión de 360 para todos, evaluación por los pares...). Todas las actuaciones de los directivos reflejan los valores de la benevolencia, la transparencia y la eficacia que preconiza la empresa. Cuando no lo son, se produce una autorregulación inmediata por parte del grupo.»

Aunque no todo el mundo se siente cómodo en este tipo de entorno, ya que algunos dan más importancia a la seguridad y a la estabilidad en el empleo que a la búsqueda del rendimiento, el empleado con altas capacidades se sentirá como pez en el agua.

Favorecer la innovación colectiva

La innovación es uno de los campos favoritos del quienes tienen altas capacidades. Están programados para ello. También es una necesidad para la empresa. Brilla en su mercado cuando ofrece regularmente cosas nuevas. Es tanto más rentable si su crecimiento orgánico es rentable. Pero para ello hay que innovar.

Innovar no significa necesariamente revolucionar un mercado o inventar productos o servicios que no existen. Este tipo de innovación es poco frecuente. Puede ser tan sencillo como echar un vistazo con sentido común al presente y ver cómo mejorarlo. Detener las acciones que no producen los efectos deseados. Negarse a dejarse desanimar por los mantras de «ya lo hemos hecho antes, no funcionó» que se convierten en algo habitual en algunos entornos de trabajo.

Al igual que la historia de la leyenda del colibrí de los nativos americanos, una empresa que innova puede ser simplemente una empresa que deja que cada cual aporte a su nivel aquella novedad que contribuye a mejorar los productos, los servicios y también las prácticas de la empresa. «Un día [...] hubo un gran incendio forestal. Todos los animales estaban aterrorizados, horrorizados, y observaban impotentes el desastre. Solo el pequeño colibrí estaba activo, recogiendo algunas gotas con su pico para arrojarlas al fuego. Al cabo de un rato, el armadillo, molesto por esta ridícula agitación, dijo: "¡Colibrí! ¿Estás loco? ¡No apagarás el fuego con estas gotas de agua!". Y el colibrí respondió: "Lo sé, pero estoy haciendo mi parte".» [51]

La innovación empresarial suele ser la solución para la gestión del cambio cuando los métodos tradicionales ya no funcionan. La innovación es también un estado de ánimo muy apreciado por las personas con altas capacidades: les permite cuestionarse una y otra vez, reinventarse, asumir el riesgo de fracasar, pero también triunfar.

Una empresa no puede pedir a sus equipos que consigan grandes innovaciones si no les da el derecho a equivocarse. Los superdotados, que combinan una gran creatividad con un perfeccionismo que les hace temer cometer errores, necesitan aprender que el fracaso es a veces la mejor manera de progresar.

---

51. Pierre Rabhi, *La Part du colibri - L'espèce humaine face à son devenir*, L'Aube, 2006.

Charles Pépin señala: «Hay fracasos que fortalecen la voluntad y otros que permiten su relajación; los fracasos que nos procuran la fuerza para perseverar en la misma vía y los que nos dan el impulso para cambiarla. Están los fracasos que nos vuelven más combativos, los que nos hacen más sabios, y luego están los que nos devuelven la disponibilidad para hacer otra cosa» [52].

· ·

«Lo mejor que me pasó fue que me despidieran de Apple»

Antes de convertirse en el célebre fundador de Apple, Steve Jobs tuvo una infancia particular. Abandonado al nacer, adoptado por una familia modesta que, ante su precocidad, se empeñó en desarrollar su talento, su trayectoria escolar fue caótica.

Más tarde, sus colaboradores atribuirían su temperamento tiránico e inestable a la herida de la infancia que habría dejado trazas indelebles en aquel hombre genial.

Después de crear, en el garaje de sus padres, la empresa que lo haría multimillonario a los 25 años, cayó en una actitud narcisista. Sin escuchar a nadie, contrario a cualquier objeción, adquirió la reputación de humillar regularmente a sus equipos. A consecuencia de ese comportamiento se vio forzado a irse después de haber tomado el camino equivocado en varias decisiones.

Aquella salida brutal de la empresa que él mismo había fundado fue para él una lección de humildad fecunda. Tras una «travesía del desierto» entró en el periodo más creativo de su vida, con la fundación de una SSII [sociedad de servicios de ingeniería informática], la adquisición de Pixar, y luego la recuperación del control de Apple, al borde de la quiebra tras unos años de conducción exclusivamente fi-

---

52. Charles Pépin, *Les Vertus de l'échec*, Allary Éditions, 2016 (trad, cast.: *Las virtudes del fracaso*, Ariel, 2017).

nanciera por quienes lo habían reemplazado en la dirección. Habían acabado por matar la visión que estaba en el origen de su éxito. Fue entonces cuando Steve Jobs pudo inventar los productos que permitieron a Apple volver a la senda del crecimiento y al camino del éxito: iPod, iPhone, iPad, etc.

Paralelamente, su estilo de dirección evolucionó para hacer de él un presidente siempre hiperexigente, pero más maduro y responsable.

• •

Las personas con altas capacidades solo se sienten seguras para innovar cuando existe una cultura en su entorno de trabajo que lo permite. Eso implica permitir realmente los errores, pero también dar a cada cual los medios para tener éxito, sobre todo aprendiendo de sus fracasos. En este tipo de contexto, quien tiene altas capacidades puede convertirse en un poderoso catalizador de la innovación colectiva.

En definitiva, las nuevas ideas surgen cuando se dan las condiciones para la innovación colectiva. Esto significa fomentar los intercambios entre colegas y alejarse de la rutina diaria.

La razón por la que los directivos de Google permiten que sus empleados dediquen un 20 % de su tiempo de trabajo a algo distinto de sus tareas habituales —siempre que sea útil para la empresa— es para mantener viva su curiosidad y su imaginación y beneficiarse de ello. Sin embargo, con ello no inventaban nada, ya que esta práctica se encuentra en el origen de la nota Post-it, en 3M, en 1974.

Evidentemente, la innovación no es patrimonio de quienes tienen grandes capacidades. Es una fuente de placer para todos. Su existencia y su intensidad dependen en gran medida del marco que la empresa establezca para fomentarla.

Testimonio de persona con altas capacidades

Charlotte, *Managing Director*

«He recuperado un equipo de periodistas perdido. Gente inteligente, pero poco acostumbrada a utilizar su talento al máximo. Era el control de la gestión el que dirigía su presupuesto operativo, cuando el director de la redacción podría haberlo optimizado de forma mucho más inteligente.

Su periódico se había convertido en una herramienta de comunicación (gratuita) para los anunciantes. ¡Una pena, porque la publicidad es una de sus principales fuentes de ingresos! Lo "llenaban", a veces sin pensar. Era absurdo. Estaban dirigidos por un gestor brillante, pero desgastado por años de sinsentido.

Intenté volver a motivarlos confiándoles proyectos, ocasiones para el aprendizaje, oportunidades de estar orgullosos de su trabajo. El contexto no era favorable y teníamos que movernos rápidamente. La brecha entre lo que les pedía y lo que estaban acostumbrados a dar era demasiado grande para ellos.

A pesar de los éxitos, un día volví a encontrarme con uno de ellos. Había empezado su propio negocio y se había transformado. Había vuelto a encontrar su fuego interior y su creatividad.»

Cuando un equipo se ve frenado durante demasiado tiempo por un marco que frena la innovación, eliminar ese marco no siempre es suficiente. Lo que está en juego es un profundo cambio de cultura. Algo que lleva tiempo.

Compartir sin reservas la información

Para ofrecer soluciones eficaces, las personas con altas capacidades deben articular su misión con la estrategia de la empresa. Entender cómo contribuye su trabajo a algo más grande es un elemento importante para su rendimiento.

Su jefe puede ayudarles a situar su papel en la organización ofreciéndoles una visión general de sus proyectos y una visibilidad periódica de los frutos de sus esfuerzos.

• •

¿Y si compartir permitiera innovar?

Marylène Delbourg-Delphis, una de las primeras europeas en crear una start-up en Silicon Valley, comparte sus «recetas» para dirigir una empresa tecnológica de éxito:

- *fomentar la multidisciplinariedad;*
- *transformar a cada empleado en un embajador de la empresa;*
- *compartir toda la información relevante para crear respeto por el trabajo de los demás.*

La empresa se convierte en una universidad viviente en la que cada cual conoce sus productos, sabe cómo contar su historia de forma atractiva y cómo ponerse en el lugar de sus compañeros. Así, los ingenieros analizan la competencia para entender el valor añadido de los productos que desarrollan y los comerciales entienden la arquitectura del software para poder responder a las preguntas técnicas de los clientes [53].

Estos elementos, combinados, promueven la innovación que marca la diferencia con los competidores.

• •

---

53. Entrevista con Marylène Delbourg-Delphis.

Saber identificar, desarrollar y potenciar el talento

Poner a todo el mundo en su sitio permite que todo el talento de la empresa trabaje a pleno rendimiento. Para quienes tienen altas capacidades, reduce la frustración que supone repetir las mismas tareas con demasiada frecuencia o sentirse subempleado.

Cuando se enfrentan a la rutina, su talento se agota. Por ello, prefieren los entornos en los que el aprendizaje va de la mano del desarrollo dentro de la empresa, donde cada uno progresa en función de lo que aporta.

En definitiva, la empresa que valora el talento sabe aprender y progresar. Solicita regularmente la opinión de sus empleados a través de encuestas internas y realiza sistemáticamente entrevistas de salida. Aprende de sus errores y aprovecha cada retroalimentación constructiva para evolucionar.

Crear un entorno de trabajo basado en la confianza y la eficiencia

La confianza y la eficiencia son conceptos clave para la persona con altas capacidades. Su tendencia natural a la duda exige claridad y transparencia sobre lo que se espera de ella y pruebas periódicas de confianza.

En cuanto a la eficiencia, es lo que busca de forma natural, ya que solo aprecia el esfuerzo si va acompañado de resultados. Por lo tanto, las mejores intenciones del mundo, si no van seguidas por la eficiencia, nunca serán valiosas a sus ojos.

Testimonio de persona con altas capacidades

Aurélien, ingeniero de diseño

«En mi empresa, las decisiones siempre se han tomado de forma difusa. En la actualidad, el jefe lo sustenta tratando de establecer un sistema de holacracia, una organización de la gobernanza basada en la aplicación formalizada de la inteligencia colectiva. Los mecanismos de decisión se difunden a través de pequeños equipos, los círculos autoorganizados.

Esto tiene su lado simpático, pero también sus limitaciones. Podemos perder el tiempo escuchando las opiniones de la gente sobre temas de los que tienen poco o ningún conocimiento. Y, sin embargo, se les valora tanto como a los expertos en la materia.

A veces se convierte en un lío y provoca el efecto contrario al que se pretendía en un principio, es decir, la fluidez.»

Proponer indicadores de rendimiento útiles y claros

Para satisfacer el anhelo de eficacia del personal con altas capacidades, la empresa debe contar con políticas, procedimientos, indicadores de rendimiento y otras herramientas de gestión que eviten la confusión y reduzcan las áreas de ineficacia.

Sin objetivos e indicadores, la organización se vuelve ansiosa, con todos los efectos perversos que uno pueda imaginar.

Estas herramientas solo son útiles si son coherentes, están bien alineadas y evolucionan. Su objetivo no es tranquilizar a un gerente, director o accionista estresado, sino ayudar a cada persona a situar sus logros en relación con lo que se espera de ella y a tomar conciencia del camino para mejorar.

Testimonio de persona con altas capacidades

Yann, apoyo administrativo, comercial y jurídico al área de exportación

«Los KPI pueden ser una fuente de estrés. Todo depende de si se utilizan para impulsar a los equipos o para castigarlos, de si el objetivo es alcanzable o no. Un objetivo inalcanzable puede inducir al suicidio.»

Son garantías de eficacia: un informe bien diseñado permite distinguir las acciones que funcionan de las que deben abandonarse; un procedimiento claro ayuda a ir deprisa y evita «reinventar la rueda» cuando es innecesario.

Liberada, emancipada, ¡cuidaré mis KPI!

Creada en 1957, la fundición FAVI (500 empleados) produce piezas técnicas para numerosos sectores de actividad. Jean-François Zobrist, pionero de la empresa liberada, transforma radicalmente su organización dirigiendo su negocio mediante 3 KPI que él explica [54]:

- *El cash flow mensual, «que exige hacer una cuenta de explotación cada mes, pero no antes del día 15 del mes, sabiendo que más vale unas cuentas justas el día 20 que unas falsas el día 5»;*
- *El margen por pieza, calculado directamente por los operadores con ayuda del departamento comercial. «Este indicador no está centralizado. Permanece en cada miniplanta como guía para saber hacia dónde dirigir el esfuerzo de la productividad»;*
- *El número de piezas producidas por máquina por hora pagada. «Este indicador también permanece en cada miniplanta».*

---

54. Entrevista-conferencia con Jean-François Zobrist organizada por la comunidad de talentos de la empresa de recursos humanos TOD.

No hay rendimiento sin lenguaje e indicadores comunes. «Con libertad para utilizar las herramientas de calidad como se prefiera, cada cual las adapta a su caso particular como un indicador personal de progreso».

• •

Testimonio de persona con altas capacidades

Yann, apoyo administrativo, comercial y jurídico al área de exportación

«Mi empresa gestiona mal sus equipos de ventas. Cada año, para fijar los objetivos, el director de ventas mira lo que se hizo el año pasado y dice: "Te pedí 80 k€ y conseguiste 100 k€ el año pasado. El año que viene llegarás a 110 k€". Jamás nos implica en la fijación de nuestros objetivos ni se pone en cuestión el realismo de los mismos teniendo en cuenta el contexto. Resultado: el mercado sabe que los vendedores son tratados como ganado y mi empresa ya no puede contratar. Son más bien nuestros competidores los que nos contratan.

Cuando lo hace, no atrae a los mejores. Los nuevos están desesperados, son incompetentes o no están en sintonía con los intereses de la empresa. Con ellos la empresa no puede pretender perdurar.

Y todo ello porque el jefe de ventas no sabe escuchar a sus equipos ni resistir a sus jefes, que probablemente le someten a una presión considerable.»

La empresa incluye a veces indicadores de rendimiento de la dirección en sus KPI para tener una visión de la calidad de sus directivos y ayudarles a progresar. Aspira así a retener a su personal con talento. Los empleados con altas capacidades son sensibles a ello.

Proporcionar un ambiente de trabajo compatible con la hiperestesia

La oficina individual ya no es la norma. Los empleados suelen trabajar en espacios abiertos. Esto puede ser fatal para los que tienen altas capacidades y sufren de hiperestesia. Trabajan mejor en un entorno bien iluminado, insonorizado y armonioso.

Si tienen que trabajar todo el día en un espacio compartido, agradecerán tener un lugar para aislarse y lugares que fomenten la convivencia para satisfacer su necesidad de socializar. Con la creación de estos espacios, la empresa demuestra que, como contrapartida al recorte de gastos en oficinas, sabe invertir en la satisfacción de las necesidades de sus empleados. Esto contribuye a crear una relación en la que todos ganan.

....

Testimonio de persona con altas capacidades

Sarah, responsable de comunicación

«Hipersensible al ruido, estoy contenta de no trabajar demasiado en un espacio abierto. Para mí es inhumano. Trabajo mejor con una buena iluminación, porque la luz artificial tiene un efecto enorme en mi moral.

Una vez tuve la suerte de encontrarme en un despacho aislado con la posibilidad de personalizarlo. Era genial. Pude elegir el color de las paredes, traer plantas, invertí en la decoración del lugar como invierto en mi trabajo.»

....

Favorecer una organización del trabajo flexible y eficiente

Dar libertad a alguien con altas capacidades es una señal de confianza y le da margen de maniobra para organizarse con la mayor eficacia posible. Los horarios de trabajo flexibles y el teletrabajo, si reflejan una verdadera voluntad de pensar en términos de resultados y no de ubicación u horarios, y si se aplican de manera estructurada, son poderosas herramientas para permitir que las personas que valoran estos modos de organizarse sean más eficaces.

Testimonio de persona con altas capacidades
Sarah, responsable de comunicación

«Mi ritmo de trabajo es particular. Tengo que procurar respetar mis ritmos biológicos para ser productiva. Cada vez que he forzado mi cuerpo a hacer las cosas de otra manera he caído enferma. Trabajaba en una empresa donde había verdadera flexibilidad de horarios, y era una bendición poder seguir mi propio ritmo.

En mi empresa actual, hay un sofá en una sala para dormir la siesta. Nuestro jefe nos anima a pasar de diez a veinte minutos en él cuando nos sentimos cansados. Cuando nada te sale bien es mejor aprovechar el tiempo para descansar y luego volver al trabajo en plena forma y con las ideas claras.»

Este trabajo «a la carta» es aún más eficaz cuando se combina con reuniones periódicas del equipo. A la persona con altas capacidades le gusta tener contacto con sus colegas. Esta fórmula ha demostrado su eficacia en Dinamarca, donde se ofrece ampliamente. Se trata de un país donde la productividad de las empresas es una de las mejores de la Unión Europea.

Crear una organización ágil, exigente y exitosa

La empresa que ponga en práctica todo lo anterior probablemente atraerá a las *stars* y se situará entre las más exitosas del mercado en el que opera.

....

Testimonio de persona con altas capacidades

Alain, director de formación

«Tuve la suerte de trabajar en lugares donde los jefes y mis colegas eran equilibrados, abiertos, responsables, cooperativos, adultos. En esos ambientes me sentí comprendido y alentado para progresar. Tenía la impresión de que me cuidaban.

Es en esa clase de cultura donde mi evolución profesional ha sido la más rápida y el rendimiento financiero de mis equipos el más espectacular. Se fomentaban la creatividad y la innovación, el rendimiento era recompensado. El marco de trabajo y las funciones de apoyo estaban organizados para que cada cual pudiera centrarse al 100 % en la misión que le había sido confiada.»

....

Las empresas ágiles y con éxito conceden especial importancia al desarrollo y la mejora de las competencias de dirección. Ciertamente, la aplicación duradera de un entorno generador de rendimiento solo es posible si cada directivo lo comprende e integra los elementos que lo componen a diario. De ese modo es capaz de dirigir a su equipo con inteligencia y agilidad.

Estas empresas no toleran durante mucho tiempo los comportamientos perjudiciales o contrarios al juego colectivo, y menos aún si son personas situadas en los puestos altos…

Neutralizar a los directivos tóxicos es también una forma de proporcionar seguridad a todos los empleados.

En resumen

A veces, molestas o desconcertadas con las expectativas de los empleados con altas capacidades que necesitan para asegurar su futuro, las empresas —que ahora se enfrentan a la cambiante relación en el trabajo y a una guerra sin precedentes por el talento— no tienen más remedio que intentar alcanzar acuerdos con ellos.

Se están estableciendo nuevas formas de relaciones profesionales, acompañadas de un cambio de las culturas y las organizaciones hacia modelos competitivos, de alto rendimiento y auténticos. Son elementos en los que los individuos con altas capacidades ya no están dispuestos a transigir. Darles autonomía, demostrar agilidad y amplitud de miras, y crear entornos de trabajo eficaces y humanos, son potentes palancas de rendimiento e innovación colectiva.

Si bien se trata de serios desafíos para los líderes, los responsables y los profesionales de recursos humanos, satisfacer las demandas de las personas con altas capacidades brinda también una oportunidad para lograr construir un modelo organizacional adaptado a los desafíos del siglo XXI.

5

ATREVERSE CON UN LIDERAZGO ILUSTRADO PARA FIDELIZAR AL PERSONAL CON ALTAS CAPACIDADES

«Tu diferencia, hermano mío, lejos de perjudicarme, me enriquece.»
Antoine De Saint-Exupéry

Quienes tienen altas capacidades desafían las prácticas de dirección… Llevados por un jefe excepcional, consiguen lo imposible. Por el contrario, bajo la influencia de un directivo que no lo es o que les pone palos en las ruedas, sufren hasta que no pueden trabajar. Su nivel de exigencia es un desafío para la mayoría de las personas nombradas en puestos directivos. No es que quieran poner en aprietos a su jefe, es que no soportan la mediocridad directiva. Como en todos los ámbitos, esperan la excelencia…

....

Testimonio de persona con altas capacidades

Alienor, directora

«Ser identificada como superdotada con 42 años ha arrojado una nueva perspectiva sobre mi carrera. Comprendo mejor mis necesidades, deseos, habilidades, conocimientos y aptitudes. También entiendo mejor ciertos malentendidos, frustraciones y relaciones que a veces son difíciles en las empresas. Esta nueva luz está presente en mi franqueza, en mi irrefrenable necesidad de la libertad de acción y la honestidad en el trabajo con los demás, en mi gusto por el rendimiento, en mi necesidad de gestionar expedientes transversales de un modo que resulte útil, en mis intereses por disciplinas diversas.

Mis éxitos y fracasos han estado a menudo relacionados con esas necesidades, las cuales dependen profundamente de la calidad de las relaciones y de la jerarquía con que me haya encontrado en la empresa. Tuve grandes resultados cuando esas necesidades se veían satisfechas, y me hundía cuando eran despreciadas. Sin embargo, me basta con unas gotas de confianza, de libertad y de reconocimiento para que mueva montañas, y a menudo sin mucho esfuerzo de la jerarquía, porque soy autónoma, incluso autodidacta.»

El directivo desempeña un papel clave en la capacitación, el entrenamiento y el rendimiento de los empleados con altas capacidades, pero también puede, si es incompetente, tener un grave impacto en su motivación y en su salud.

La Organización Mundial de la Salud define esta última como «un estado de completo bienestar físico, mental y social, y no solamente la ausencia de afecciones o enfermedades» y representa «uno de los derechos fundamentales de todo ser humano».

Varios estudios [55] han puesto de manifiesto los efectos de las deficiencias de la dirección sobre la movilización y la salud de los equipos, advirtiendo del coste del absentismo, la rota-

---

55. Estudio Gallup sobre el compromiso en el trabajo y el barómetro Ayming-Ag2r La Mondiale (2018).

ción de personal y los accidentes laborales. Según las estimaciones, el coste del absentismo, de la rotación y de los accidentes laborales en Francia es del orden de 100.000 millones de euros al año, lo que equivale al presupuesto del Ministerio de Educación francés.

· ·

En busca de los 107,9 millardos de euros [56] perdidos

Los indicadores de las disfunciones directivas en Francia

· *4,72 % de tasa media de absentismo;*
· *17,2 días de ausencia de media por año y por asalariado.*

Estrategias para reducirlo

· *la autonomía,*
· *la convivencia,*
· *los horarios adaptados,*
· *el ambiente en la empresa,*
· *las evoluciones salariales.*

· ·

Más allá de la cuestión específica de quienes tienen altas capacidades, si facilitar una dirección virtuosa permite un ahorro tan importante, ¿no es razón suficiente para interesarse por ella seriamente?

En este capítulo se detallan los enfoques que funcionan, basados en las prácticas de dirección que han permitido a los individuos con altas capacidades rendir al máximo.

---

56. Coste anual estimado del absentismo relacionado con las disfunciones directivas en el barómetro de 2018 Ayming-AG2R La Mondiale.

Las prácticas directivas que estimulan a las personas con altas capacidades

Cuando se les pregunta: «¿En qué contexto consiguió dar lo mejor de sí mismo?», nueve de cada diez veces los superdotados mencionan a los directivos que les inspiraron, les dieron confianza en sí mismos y les permitieron sobresalir.

....

Testimonio de persona con altas capacidades

 Sarah, responsable de comunicación

«Dejé los estudios antes de tiempo para trabajar porque no soportaba la universidad. Lo cual me llevó a trabajar en empleos extraños, muy por debajo de mis capacidades. A veces lo dejaba al acabar el primer mes porque era insoportable. Me sentía como si no sirviera para nada. Mis experiencias fueron horribles, hasta que mi currículum cayó en manos de una gerente excepcional.

Con un enfoque muy anglosajón del trabajo, sin ideas preconcebidas sobre las personas, daba a todos la oportunidad de hacer cosas nuevas y luego hacía evolucionar a cada cual según su comportamiento y los resultados observados. Cuando me incorporé a su equipo, el trabajo parecía arduo. Tenía miedo de aburrirme, pero el ambiente me pareció genial. Ella hacía todo lo posible para mostrarnos a diario cómo contribuíamos al proyecto colectivo. A menudo me decía que mi trabajo era estupendo.

Yo ayudaba a una compañera que estaba cometiendo verdaderas meteduras de pata. Al ver que lo hacía mejor que ella, aprovechó su salida para darme su lugar. Sin saber nada de cuanto había que hacer, aprendí en el trabajo con tareas simples que se iban haciendo más complejas.

De este modo, avanzaba sin desanimarme.

Llegó el día en que mi jefa ya no podía hacerme progresar más en la estructura. Según ella, yo tenía tanto potencial que era hora de que me fuera a otro sitio porque me merecía algo mejor.

Me devolvió la autoestima. Desde aquella experiencia, mi trayectoria profesional ha tomado un rumbo completamente distinto.»

Si, para algunos, el directivo que hace posible el éxito es simplemente el que permite la suficiente libertad para llevar a cabo su misión, para otros el encuentro con un directivo excepcional puede cambiar el curso de su vida profesional. Esto demuestra lo esencial que es la calidad de la relación con quien nos dirige.

Lo que destacan de los directivos que les marcaron

Pragmáticos y justos, dan un sentido sea cual sea el contexto de su negocio.

Dan responsabilidades, organizan el trabajo, fomentan el esfuerzo, recompensan los éxitos y, sobre todo, anteponen el interés colectivo al suyo personal.

Testimonio de persona con altas capacidades

Alain, director de formación

«He tenido varios jefes que me han ayudado a progresar. Todos me daban las "llaves del camión". Me explicaban lo que esperaban de mí y luego me dejaban avanzar con autonomía.

He estado en esta configuración con diferentes tipos de personas: una competente e indulgente, otra que no hacía gran cosa pero que me dejaba avanzar, y finalmente, una tercera que no conocía mi trabajo y me dejaba hacer porque los resultados eran óptimos y me tenía confianza.

Al final, esa libertad de acción y la confianza era lo que me gustaba, dejaban espacio para la innovación y me permitía evolucionar.»

Los directivos que saben detectar el talento en sus equipos y desarrollarlo obtienen buenos resultados con el personal con altas capacidades. Al darles autonomía y tiempo para la creatividad, crean las condiciones para que disfruten de su trabajo.

Confucio dijo: «Elige un trabajo que te guste y no tendrás que trabajar un solo día en tu vida». Quien tiene altas capacidades podría añadir:

«Elige un jefe que te nutra intelectual y humanamente y no tendrás que trabajar un solo día en tu vida».

Esos directivos muestran inteligencia en su forma de relacionarse y confían en sus equipos. También tienen valores fuertes que expresan en sus acciones diarias. Son auténticos y transmiten coherencia.

Testimonio de persona con altas capacidades
Bénédicte, *coach*

«Después de una terrible experiencia profesional, conocí al jefe que se convirtió en el mejor de mi vida, y cuya existencia nunca habría imaginado a la vista de lo que había vivido antes. El equipo que ha formado reúne personalidades muy diferentes con talentos complementarios. Todos se respetan. Nos arrastra para superarnos y aplica sus valores a diario. Estoy globalmente alineada con ellos y ver cómo él los aplica desprende tanta coherencia que me adapto a ellos sin dificultad.

Mis jefes anteriores siempre tomaban decisiones en función de sus propios intereses. Ahora, el interés colectivo tiene prioridad, por más que el interés individual también cuente.

Su único defecto es que a menudo se olvida de dar las gracias, pero no es importante. Queda compensado con creces con todo lo demás.»

Que el directivo esté tranquilo: a pesar de su alto nivel de exigencia, las personas con altas capacidades también saben mostrarse indulgentes con su jefe, conscientes de que la perfección en términos de dirección no puede existir.

Qué sienten al ser directivos

Algunos mencionan su experiencia en la gerencia como uno de los logros de los que se sienten más orgullosos en su carrera empresarial.

Testimonio de persona con altas capacidades
Moncef, *Strategy Manager*

«Una de mis mayores satisfacciones es haber hecho crecer a mi equipo en la gestión de un proyecto complejo. Me aseguré de marcarles objetivos ambiciosos pero realistas. Les acompañé durante gran parte del proyecto, marcándoles objetivos. Trabajamos juntos con total confianza mutua.

El cliente quedó satisfecho y todos eran más competentes.»

Mientras que algunos disfrutan trabajando y «produciendo» por su cuenta, para otros superdotados dirigir un equipo es una gran alegría. Estos últimos se esfuerzan por ayudar a sus colegas a crecer y llevarlos al éxito individual y colectivo. Para ellos, crear y construir solos es estimulante, pero hacerlo con otros les permite ir más rápido y mucho más lejos.

La dirección es también una oportunidad para crear una comunidad humana llevada por la inspiración y el compromiso, al tiempo que se permite a cada persona el nivel de libertad que tanto aprecia.

....

Testimonio de persona con altas capacidades
Felipe, vicepresidente

«Lo que me gustaba hacer en mi carrera en grandes grupos era dirigir personas. Contrataba a personas de diferentes orígenes para que aportaran nuevas soluciones. Yo fijaba los objetivos, pero nunca los medios para conseguirlos. Por supuesto que siempre estuve ahí para los que necesitaban ayuda, pero nunca supuse que el mejor camino era el mío.

Dirigí a mis equipos con el deseo de hacer avanzar las cosas, lo que no me impedía ser duro cuando convenía. Tomé decisiones que no gustaron a todo el mundo. Sin embargo, creo que, a pesar de mi alto nivel de exigencia, el 95 % de mis antiguos colaboradores querrían volver a trabajar conmigo.»

Lo que nunca debe olvidar un mánager: saber adaptarse

Las personas con altas capacidades pueden tener diferentes necesidades, dependiendo de su tipo de perfil, la edad, el género, el origen y también del momento de su vida profesional en el que se incorporan a un equipo. No hay una receta que funcione para todos. El éxito de un enfoque de dirección depende del contexto y de la forma en que se aplique.

Con este tipo de colaboradores es necesario, en todos los casos, estar atento, ser imaginativo, flexible y muy ágil.

Aportar un valor añadido a los empleados superexitosos

El superdotado potencial es intensamente todo. Esta es una característica clave de su personalidad contra la que es peligroso ir. La persona que le acompaña debe integrarlo.

La dirección solo tiene utilidad si es de calidad.

Si optan por convertirse en empresarios o autónomos, rara vez es por rechazo al concepto de dirección, cuya utilidad entienden perfectamente quienes tienen altas capacidades, sino más bien porque estadísticamente, ser dirigidos presenta para ellos mayores riesgos que beneficios. La multiplicación de malas experiencias, ya sean personales o a través de terceras personas, hace que a veces ni siquiera quieran intentarlo.

En estas condiciones, es difícil que una empresa atraiga a millennials con altas capacidades.

La influencia de una buena dirección en el éxito de los empleados con talento y, por extensión, en el rendimiento de la empresa, es ahora reconocida por quienes en un principio lo ponían en duda al considerar la dirección como uno de los baluartes de la organización jerárquica.

Por ejemplo, en el año 2008, los ejecutivos de Google lanzaron un estudio sobre el tema «¿Son realmente necesarios los mánagers?», confiando en poder prescindir de ellos dada la composición de sus equipos —principalmente cabezas jóvenes y bien formadas—. Contra todo pronóstico, el estudio confirmó la utilidad de la dirección, pero solo a condición de que los que «dirigen» se comporten como verdaderos mánager. Así nació el programa OXYGEN, que define con precisión el papel que se espera de cada persona, mediante una lista de comportamientos observables.

••

Las 10 cualidades del mánager de las que Google no puede prescindir

1. Es un buen coach, que da feedbacks precisos y constructivos, alternando puntos positivos y negativos, y que se adapta a sus colaboradores.

2. Tiene una visión global de la dirección y sabe delegar en su equipo. Da libertad a sus colaboradores, está disponible cuando se le necesita y les confronta regularmente con temas ambiciosos.

3. Se interesa por el éxito y el bienestar de sus colaboradores. Los conoce y les ayuda.

4. Está orientado a los resultados y a los medios para alcanzarlos. Ambicioso con su equipo, facilita la consecución de objetivos, prioriza el trabajo y transmite su experiencia para superar los obstáculos.

5. Sabe comunicar y escuchar. Claro y directo en sus mensajes y en la fijación de objetivos, comparte la información, estimula los intercambios abiertos y presta atención al feedback.

6. Facilita la evolución de la carrera de sus colaboradores.

7. Tiene una visión y una estrategia clara para el equipo. Mantiene un rumbo y unos objetivos.

8. Tiene las competencias técnicas necesarias para acompañar a su equipo, comprende los retos y especificidades del oficio y «se ensucia» las manos cuando toca.

9. Colabora con los miembros de otros equipos.

10. Toma decisiones y las asume.

••

Unos años más tarde, gracias a los trabajos de Julia Rodovsky, analista de recursos humanos e investigadora de Harvard, Google descubrió los modelos organizativos que permiten a los equipos alcanzar la máxima eficacia. Se basan en cinco claves:

- la seguridad psicológica de los empleados,
- la codependencia entre los miembros de un equipo,
- la claridad de la estructura y de los objetivos,
- el sentido que se da al trabajo de cada persona,
- la percepción de cada cual de su papel.

Todo esto pone claramente en valor el cerebro derecho de los directivos.

¿Cuál es el papel del directivo ante los superexitosos?

Jefe con altas capacidades + empleados con altas capacidades: cuidado, peligro

El directivo que tiene a su cargo empleados con altas capacidades, si funciona como ellos no tiene que preocuparse por el posicionamiento porque actúa naturalmente «como debe». Les inspira, les da energía, les empuja a superarse a sí mismos y consigue rápidamente un nivel de rendimiento muy alto.

A cambio, debe procurar aplicarles lo que a él le cuesta aplicarse: ser benévolo, animarlos a desconectar regularmente y, también, combatir habitualmente su nivel de exigencia para preservarles de la sobreactividad que su comportamiento natural corre el riesgo de alimentar.

A veces, quienes tienen altas capacidades se desarrollan mejor con directivos que no refuerzan sus reflejos habituales.

Jefes sin altas capacidades + empleados con altas capacidades: encontrar una complementariedad

Cuando el directivo funciona de forma diferente a sus colaboradores, puede tener, al menos al principio, verdaderas dificultades para ganarse su legitimidad. Sin embargo, puede aportarles mucho gracias a su carácter complementario, siempre que se muestre como alguien capaz de entrenarlos. Entonces se convierte en socio de su éxito desarrollando una relación similar a la de un maestro con su discípulo. Su primer valor añadido es ayudarles a tomar conciencia de su talento y a ponerlos en valor en la empresa.

A menudo ocurre, sobre todo al principio de su carrera, que las personas con altas capacidades no son conscientes de lo que aportan porque no aprecian lo que producen sin esfuerzo. En estos casos, su jefe debe actuar como un acompañante benévolo que les anime a desarrollar sus áreas de excelencia y a regular su nivel de energía.

A medida que adquieren más experiencia, quien posee altas capacidades aprecia la construcción de una relación con su jefe basada en el respeto mutuo. Este debe entonces confiarle responsabilidades adaptadas a sus capacidades y dejarle hacer. El directivo puede aportar experiencia, un intercambio de opiniones y un punto de vista a menudo valioso para ayudarle a ver las cosas con más perspectiva. Ambos se enriquecen mutuamente.

En todos los casos, es deseable que el directivo acompañe discreta pero activamente el desarrollo de su empleado en el equipo o más ampliamente en la organización.

Acompañar a un superexitoso en su desarrollo

La mayoría de las personas con altas capacidades se desarrollan por sí solas. Lo único que hay que hacer es situarlas en su zona de excelencia y alimentarlas dándoles material con el que trabajar. En lo que debe centrarse el directivo es en exponerlos a situaciones que les permitan revelar su talento y desarrollarlo: situaciones que impliquen retos y novedad.

Debe evitar que se aburran.

●●●

Los superdotados: ¿unos gremlins divertidos?

Criaturas imaginarias de la película homónima, los gremlins designan la forma peligrosa de un animalito muy mono, el mogwaï. Para sacarle el mejor partido hay que respetar unas reglas: evitar exponerlo a la luz, mojarlo y darle comida después de medianoche. Infringir estas pautas lo convierte en una criatura violenta o lo mata.

Con quienes tienen altas capacidades, las normas son las siguientes:

1. *Evitar la confusión. Darles un marco que puedan desafiar.*
2. *No ponerles nunca palos en las ruedas. Respetar su manera de hacer las cosas.*
3. *Asegurarse de que han entendido lo que se espera de ellos, antes de dejarles «destacar».*

●●●

El apoyo de los directivos a los empleados con altas capacidades se resume en estimular su talento, aclararles las reglas de la empresa para ayudarles a adaptarse a ellas y darles un *feedback* regular con vistas a su progreso.

Para poder centrar y equilibrar sus esfuerzos, quienes tienen altas capacidades necesitan que sentirse regularmente reafirmados en lo tocante el valor de lo que aportan.

....

Testimonio de la jefa de una empleada con altas capacidades
Ana, editora jefe

«Vi la llegada de aquella brillante empleada como una oportunidad. Aportaba unas habilidades y unos conocimientos que nadie más tenía. Teníamos personalidades muy diferentes: si ella podía aportarme mucho, yo también tenía mucho que enseñarle. Nunca dejé de intentar demostrarle que éramos complementarias, y nunca me enfrenté a ella. En cuanto a la organización, tenía total libertad. Yo sabía que, estuviera donde estuviera e hiciera lo que hiciera, su trabajo sería siempre impecable.

Era una personalidad compleja, pero resultaba conmovedora. Intentaba valorar las cosas positivas que hacía y luchar contra su tendencia natural a dramatizarlo todo. Sorprendentemente necesitaba que la tranquilizasen. Había que tener paciencia para escucharla.

También la ayudé a mejorar la comunicación con una de sus compañeras, que la encontraba demasiado complicada y con la cual la relación podía ser difícil por esa razón. Trabajar con ella fue una experiencia enriquecedora, tanto profesional como humanamente.

Trabajé bien con ella porque yo tenía total libertad en la forma de dirigir mis equipos. Si no me hubieran dado esa libertad, nunca habría funcionado.»

Estimular todas las inteligencias

Una de las claves del éxito con quienes poseen altas capacidades es exponerlos a situaciones o asignarles tareas que desarrollen su lado racional, pero también su creatividad, su intuición y su inteligencia relacional. En general, la sociedad les ha empujado tanto a desarrollar su cerebro izquierdo que se olvidan del derecho. Sin embargo, a menudo es este el más poderoso.

Animarles a expresar su creatividad les permite aportar plenamente su valor añadido.

Facilitar la interacción con el resto de la empresa

El directivo que escucha a sus empleados con altas capacidades los lleva al éxito ayudándoles a clarificar su pensamiento para que pueda ser entendido por todos. También puede ayudarles a descifrar los juegos de poder vigentes en la empresa para que puedan aumentar su impacto y facilitar así su progresión en la organización.

Se dará así cuenta de que el afán de esa clase de personas por ser justas y precisas en todo momento provoca a veces tensiones, ya que a menudo descuida su forma de comunicación en perjuicio del fondo. Por lo tanto, es útil ayudarles a ser auténticas de una forma políticamente correcta y a moderar su excesivo temperamento, tanto por el bien de la cohesión social como por el desarrollo de sus habilidades interpersonales.

Proporcionar un feedback *regular y constructivo*

Es esencial que el directivo deje de lado su sensibilidad cuando trate con personas con altas capacidades y no se tome ningún comentario espontáneo como un ataque personal. Acostumbrados a ver inmediatamente las deficiencias o áreas de mejora de los demás, incluido su jefe, los superdotados no dudan en dar consejos sobre cómo mejorar a su jefe pensando que le están haciendo un favor. En realidad, a veces arremeten contra la supervivencia social de su jefe sin darse cuenta.

Confundidos por estos comportamientos inusuales, algunos directivos se sienten cuestionados. Es mejor tomar de forma constructiva cualquier comentario que a primera vista pueda parecer una crítica. Es una forma eficaz de establecer una relación especial con su empleado con altas capacidades.

Testimonio de la jefa de una empleada con altas capacidades
Ana, editora jefe

«Yo no tenía ego, era una *"maker"*. Siempre he juzgado positivamente los comentarios que me han hecho mis equipos, especialmente los de mi empleada con altas capacidades. Lo que más me importa es que las cosas avancen. Así que estábamos en la misma longitud de onda.»

Si los superdotados dan *feedback* con facilidad, también están dispuestos a recibirlo, sea cual sea. En contra de los prejuicios, acogen con agrado los comentarios «negativos», siempre que se den con vistas a progresar, porque saben que se beneficiarán de ellos. Los cumplidos suelen incomodarles, pero no hay que privarles de valorar lo que hacen bien. Se sienten seguros con la evaluación de su trabajo por parte de su jefe porque suele ser mejor que la suya propia. Tienden a ser extremadamente duros consigo mismos, a menudo más que con los demás.

El efecto espejo es esencial para ellos porque su norma no coincide con la norma. Explicarles el impacto que pueden tener en los demás les ayuda a modular sus reacciones. Las personas con altas capacidades no siempre son conscientes de la imagen que proyectan, que suele ser la de una persona brillante que triunfa sin esforzarse mucho, lo que puede hacer que sus interlocutores tengan un sentimiento de inferioridad. Él rara vez ve las cosas de esa manera. No solo se esfuerza, sino que siempre se considera lejos de la perfección y admira las cualidades de los demás que él no tiene. Rara vez se siente superior.

Por lo tanto, trabajar con un empleado con altas capacidades requiere intercambios frecuentes, abiertos y constructivos en los que se puede utilizar el humor para transmitir los mensajes más difíciles.

Conservar a alguien con altas capacidades significa aceptar perderlo

La mejor política para retener a los superdotados es la política de puertas abiertas. Solo hay una manera de trabajar con ellos: una situación en la que todos salgan ganando.

Encerradas en un papel demasiado estrecho, las personas con altas capacidades se marchitan. Encerradas legalmente, nunca dejarán de buscar una salida. La única manera de retenerlas es construir una relación de confianza con ellas y proporcionarles los medios para desarrollarse.

Aunque es un reto para el directivo buscar constantemente situaciones de aprendizaje que puedan estimular a ese tipo de empleados, esa es la única manera de poder contar largo tiempo con ellos.

Cuando el campo de juego que se le ofrece no le parece suficiente, prefiere marcharse antes que morir de aburrimiento. Será leal con los directivos que hayan contribuido a hacerle progresar y se convertirá en su embajador.

Poner al superdotado en el lugar que le corresponde

Colocar a las personas con altas capacidades en el lugar adecuado en un proyecto, un equipo o una empresa es una garantía de productividad y de buenos resultados. Esto significa ponerlos en el nivel adecuado, en las funciones en las que puedan ejercer su talento, y darles tareas que los estimulen. Emparejarlos con alguien menos competente, con la esperanza de que le contagien o compensen sus carencias, es contraproducente y les frustra enormemente. Tampoco es eficaz obligarles a relacionarse frecuentemente con personas cuyo carácter sea diametralmente opuesto o con un ritmo muy diferente al suyo.

Aunque los superdotados son adaptables, hay límites para lo que es razonable pedirles. Su rapidez de funcionamiento es una realidad que hay que tener en cuenta en la composición de un equipo.

· ·

Una desviación estándar es admisible; con tres desviaciones estándar, bienvenidos los problemas

De igual manera que una persona muy alta tiene dificultades para vestirse, Michael W. Ferguson demuestra que es imposible lograr que trabajen bien juntos individuos cuya desviación del cociente de inteligencia sea superior a dos desviaciones estándar (1 desviación estándar = 15 puntos) [57].

Así, la población normal (cuyo cociente de inteligencia medio se sitúa en 105) no querría un jefe cuyo CI sea superior a 135 (30 puntos de desviación). En cuanto a este, a pesar de su inteligencia, podría pasarlo mal dirigiendo a un empleado con un CI superior a 155 (20 puntos de desviación).

Este razonamiento excluye a las personas con muy altas capacidades (0,135 % de la población) de la mayor parte de empresas. ¿No se trata de algo un poco excesivo? Si desarrollan su inteligencia emocional, estos últimos pueden tener una posibilidad de sobrevivir en la empresa...

· ·

· ·
Testimonio de persona con altas capacidades
Solenn, consultora de contratación

«Tras una escolarización fácil, entré en una escuela de negocios. Como no me sentía a gusto allí, estudié filosofía al mismo tiempo. Me apasionaban la filosofía y la salsa.

Mis últimas prácticas fueron en un mundo que no me convenía. Hacía marketing operativo en camiones. En la máquina

---

57. Michael W. Ferguson, «The Inappropriately Excluded». http://michaelwferguson. blogspot.com/p/the-inappropriately-excluded-by-michael.html de café, la gente solo hablaba de fútbol. No tengo nada en contra del fútbol, pero hablar solo de él limita las conversaciones. No me sentía para nada en mi lugar en aquel entorno industrial. Al final, mi jefe me dijo que me faltaba capacidad de liderazgo y de creación de redes.

Lo sorprendente es que lo que se suponía que me faltaba resultó ser mi principal talento.»

Saber anticipar la evolución de los empleados con altas capacidades en la empresa es fundamental para no perderlos. Para ello, es necesario adaptarse a su ritmo de aprendizaje en lugar de aplicar trayectorias profesionales rígidas y demasiado largas para ellos.

Testimonio de persona con altas capacidades

Ana, psicopráctica, *coach* profesional, formadora, conferenciante

«Mi padre me prohibió la educación superior, porque no creía que yo fuera lo suficientemente inteligente como para que mereciera la pena hacer el esfuerzo económico, así que acabé en un empleo de ayudante de ventas. Me aburría a cambio de un salario muy modesto. Sentía que tenía un techo sobre mi cabeza y un poder dentro de mí que no estaba aprovechando. Llegaba por la mañana a una empresa en la que no me sentía en mi lugar. En el que yo me veía bien era como gerente.

Hacía una gran parte del trabajo del equipo comercial: al principio el administrativo, después la identificación de los clientes, luego establecer citas y a veces la venta. El jefe se apoyaba enormemente en mí. Cuando le dije que me obligaba a hacer cosas que no eran mi responsabilidad, me dijo que lo hacía porque veía mi potencial y que yo disfrutaba de lo novedoso.

Si hubiera cambiado mi título por el de técnico comercial, me habría sentido un poco mejor. Pero hubiera sido insuficiente porque yo me sentía hecha para dirigir.

Dejé el mundo de la empresa para montar mi propia actividad. Y me he convertido en una jefa inspiradora.»

El papel ideal para el personal con altas capacidades en una organización depende de su personalidad, su experiencia y los objetivos de la empresa. Sin embargo, sus características comunes dan indicaciones sobre los contextos en los que podrán rendir mejor.

A Javier G. Recuenco, presidente de Mensa España y fundador de Singular Solving, una consultoría que ayuda organizaciones a conseguir su transformación estratégica, le gusta trabajar con personas con altas capacidades: «Creo que tienen la flexibilidad, la curiosidad y la creatividad necesarias para solucionar problemas complejos. Cada vez más, como estamos en un entorno de máxima volatilidad, de incertidumbre y de ambigüedad, saber gestionar este tipo de talentos es absolutamente necesario.

Igual que estas personas suelen tener problemas para encajar dentro de trabajos muy estrechos, cuando se encuentran en entornos donde les dejen hacer cosas con libertad y gestionar complejidad e imprevisibilidad, pueden aportar un valor añadido fenomenal».

Las siguientes pistas no son ni mucho menos exhaustivas, debido a su polivalencia.

Exploradores, constructores y líderes naturales, generan resultados sobresalientes en sus áreas de excelencia: en contextos complejos y evolutivos, funciones que impliquen reflexión y acción, tareas de mejora y organización y roles relacionados con la innovación. También destacan en puestos en los que predominen la dimensión relacional y el «cuidado» (es decir, saber cuidar de los demás).

Apoyarse en quien tiene altas capacidades para generar ideas originales

Los que tienen una capacidad de pensamiento creativo muy desarrollada son expertos del *think out of the box*. Crear, transformar e innovar les permite prosperar y al mismo tiempo los hace útiles. Integrados en equipos multidisciplinares, saben aprovechar la riqueza de las aportaciones de cada cual y apoyarse en ellas. Destacan en la consultoría, la gestión de la innovación, pero también en todo lo relacionado con la estrategia empresarial. También son eficaces en la informática y la programación, donde su enfoque poco convencional de los problemas les permite aplicar soluciones en un tiempo récord.

Ambiciosos, sensibles a las necesidades de sus clientes (internos o externos) y proactivos, aportan un valor añadido inigualable en contextos en los que es necesario mejorar haciendo las cosas de forma diferente.

Si fueran personajes de cómic, podrían parecerse a los Jóvenes Castores [Junior Woodchucks] o a Ungenio Tarconi [Gyro Gearloose].

Poner en valor sus cualidades de simplificación, de organización y de optimización

Las personas con altas capacidades cuyo talento es la claridad de pensamiento, así como el arte de la síntesis y la racionalización, aportarán valor en las funciones relacionadas con la mejora de los procesos. Pueden encontrarse en oficios vinculados con las finanzas, la logística o la gestión de proyectos.

Testimonio de persona con altas capacidades

Jérémy, navegante/radarista

«Un supervisor de mente abierta me dio carta blanca para cambiar métodos de trabajo de hace 25 años y proponer otros nuevos. Algunos compañeros, reacios a ese enfoque. no entendían por qué cambiar. Según ellos, todo estaba ya inventado.

Partí del principio de que el hecho de que "siempre lo hayamos hecho así" no significa que ese fuera el mejor método. Sin revolucionar nada, desarrollé dos sencillas herramientas que nos facilitaron la vida diaria y que, al final, fueron acogidas muy positivamente por el conjunto de las personas a quienes incumbía.

También he trabajado con superiores menos abiertos a la discusión. Que pensaban estar en posesión de LA verdad. En esos contextos, conservé mi empleo y nunca propuse nada.»

Como ven con naturalidad todo lo que va mal, las soluciones asociadas y los medios para optimizar los esfuerzos de todos, son especialmente eficaces en la gestión de proyectos complejos y en la coordinación de equipos multifuncionales. Relevantes cuando se implican desde el principio en un proyecto, no tienen inconveniente en abandonarlo una vez que funciona bien, siempre que tengan en mente un reto aún más estimulante.

Destacan en las operaciones de fusiones y adquisiciones, en el pilotaje de transformaciones, en la investigación y el desarrollo… Todos los proyectos que combinen rigor, estrategia y posibilidades de innovación. También se interesan por las funciones que requieren análisis, optimización y creatividad: dirección financiera, auditoría, logística, calidad y rendimiento organizativo, etc.

Para ellos, encontrar y aplicar soluciones es como un juego y genera una satisfacción proporcional a las dificultades encontradas.

Si estos superdotados fueran personajes legendarios, probablemente serían magos o hechiceros. Personajes que se apoyan en sus propias fuerzas y en las de los demás, pero también en una gran cantidad de trabajo, a fin de generar resultados tan excepcionales que se atribuyen en el imaginario colectivo a poderes mágicos.

Poner a las *stars* en aquellas funciones para las que saber relacionarse es esencial

La empatía y el gusto de las personas con altas capacidades por las relaciones interpersonales, unidos a su deseo de tener éxito mientras cuidan de los demás, hacen de ellas unas personas excelentes para una variedad de funciones. Quienes prefieren estar en contacto con el *business* y se sienten impulsados por los resultados de sus acciones se desempeñan bien en las funciones de ventas, especialmente si su función implica proponer soluciones que construyen con sus clientes.

Testimonio de persona con altas capacidades
Diana, directora de ventas

«Se podría pensar que un puesto de ventas no es intelectualmente estimulante para las personas con altas capacidades; no es cierto. Este puesto, que requiere movilidad intelectual y física, exige capacidad de escucha, intuición, talento para saber relacionarse y una gran cultura general. Es el terreno ideal para ejercitar sus habilidades a la hora de saber comportarse.»

Si esa persona con altas capacidades creativa y dotada a la vez de un sentido acusado para los negocios fuera un artista, podría ser como Madonna. Sería valiente, capaz de dar una respuesta original y seductora a sus interlocutores, pero también de reinventarse todo el tiempo.

Los que tienen un espíritu crítico desarrollado, apasionados por las relaciones humanas pero también por acumular conocimientos y compartirlos, prosperan adoptando el rol de comunicadores, periodistas, editores, analistas, formadores…

Si este superdotado exigente e ingenioso fuera un héroe de cómic, sería sin duda Tintín.

Los que se sienten atraídos por el cuidado de los demás destacan en las funciones relacionadas con los recursos humanos siempre que estas tengan una dimensión estratégica: la elaboración y puesta en marcha de estrategias sociales, la contratación compleja, el desarrollo de competencias…

Testimonio de persona con altas capacidades

Solenn, consultora de contratación

«Cuando empecé a trabajar como cazatalentos, me pidieron que dejara de hacer preguntas que siempre estaban fuera de lugar. Me vestía de gris, llevaba el pelo recogido, tenía prohibido pronunciar la palabra "cultura"ante un cliente.

Ahora me he dado cuenta de que la riqueza de mi oficio está en salirme de la norma. Me visto de colores, contrato a candidatos que se salen de lo normal y los clientes se ponen en contacto conmigo para detectar perfiles que sepan acompañar su cambio de "cultura". Antes, mi jefe me pedía que cazara como los demás. Tenía que haber batalla y sangre. Ahora ya no cazo, recolecto. Soy yo misma y gano aún más dinero. Entre las dos historias solo hubo una toma de conciencia. Aquello que siempre me criticaban, ya fuera en la escuela o en la empresa, un día decidí cultivarlo: comprendí que era mi mayor fortaleza.»

También son adecuados en la dirección de equipos, una función que les permite combinar su pasión por un oficio con el placer de hacer crecer a un equipo.

Si esas personas con altas capacidades generosas y eficaces fueran personalidades inspiradoras, serían como el Dalai Lama. Transformar su empatía en compasión les permitiría actuar en beneficio de los demás al tiempo que se protegen a sí mismas y navegar por el mundo de la empresa sin acabar quemados con un *burn-out*.

Dado que a la mayoría de quienes poseen altas capacidades les encanta compartir y transferir conocimientos, una solución para estimularlos puede ser encomendarles, además de sus tareas habituales, un papel de mentor, de entrenador o de cualquier otra función pedagógica.

Testimonio de la jefa de una empleada con altas capacidades

Ana, editora jefe

«Vi que a mi colaboradora le gustaba la enseñanza, y le encomendé la tarea de formar a todo el equipo, además de su función habitual. Así compartía con los demás conocimientos que ella dominaba con maestría. Suponía mucho trabajo, pero estaba contenta de hacerlo. Yo también lo estaba porque de ese modo los demás podían adquirir rápidamente competencias.»

Para algunos, todos los caminos conducen a la cúspide de la empresa

Combinar en un mismo trabajo todas las dificultades mencionadas es, para algunos individuos con altas capacidades, una verdadera necesidad. Es la única manera de que no se aburran en la empresa. Solo se quedarán allí si llegan rápidamente a lo más alto.

Serán líderes humildes, eficaces y estratégicos que asumen sus responsabilidades. No podrán evitar un alto nivel de exigencia.

Su interés por los retos los hace especialmente eficaces en contextos cambiantes y complejos. Es en esas funciones y situaciones donde marcan la diferencia y se les perdona más fácilmente su perfeccionismo y sus posibles errores de comunicación.

Si ese superdotado fuera una deidad, sería el dios hindú creador y transformador, Shiva.

Situar a quienes tienen altas capacidades en el lugar adecuado también significa conseguir que accedan al nivel jerárquico que corresponde a sus competencias en un plazo rápido. Matthieu Lassagne, *coach* de superdotados y multipotenciales, relata situaciones en las que, dada la humildad en ocasiones excesiva y el ritmo de aprendizaje superior al normal en esta clase de individuos, «suelen encontrarse situados dos niveles jerárquicos por debajo de donde deberían estar, lo que no deja de provocar dificultades con el inmediato superior, por no hablar de situaciones de acoso moral [58]».

Crear un entorno de trabajo inclusivo

La crisis de la dirección, que alimenta desde hace tiempo las observaciones y la creatividad de los caricaturistas, es la principal causa del divorcio entre el individuo con altas capacidades y la empresa. Los más desengañados se preguntarán por qué en el siglo XXI, el principio de Dilbert [59] —que afirma que «los empleados más incompetentes son promovidos sistemáticamente a los puestos donde resultan menos peligrosos: la dirección»— sigue vigente en algunos entornos.

---

58. Conferencia «Les zèbres en entreprise», organizada por Eklore, París, junio de 2019.

59. El principio de Dilbert es una versión agravada y humorística del principio de Peter, que demostró en 1970 que, en las empresas, «cualquier empleado tiende a ascender hasta su nivel de incompetencia».

No obstante, la mayoría de los directivos se esfuerzan por conciliar a diario la consecución de los objetivos de su empresa con las capacidades y expectativas de sus equipos. Son lo suficientemente valientes como para favorecer a veces a uno en perjuicio de otro con el objetivo de lograr un rendimiento duradero. Sin embargo, todo lo que hagan para crear un clima de trabajo que favorezca la consecución de los objetivos puede verse socavado por una organización que no valore las competencias de los directivos.

El resultado es que la opinión de los individuos con altas capacidades sobre la dirección se corresponde con una pérdida general de atractivo de la función directiva para todos, incluidos los que la desempeñan.

··

¿Ser jefe todavía es un sueño?

En Europa, ser jefe no hace soñar a los empleados...

Solamente 13 % de los asalariados que no están en una función directiva desearían ser jefe:

- *13 % en Francia*
- *15 % en España*
- *12 % en el Reino Unido*
- *14 % en Alemania*

La función directiva ha perdido atractivo.

Fuente: encuesta BCG «Human-centered leaders are the future of leadership» (2021). Entrevistas a 4.000 empleados del sector privado o público en cuatro países: Alemania, España, Francia, Reino Unido (con una muestra de 1.000 individuos en cada país).

··

Sometido a las mismas obligaciones que un deportista de alto nivel, el directivo de hoy debe ser eficaz, tener resistencia, pero también saber atender unas exigencias de rendimiento extremas con unos medios a veces inadecuados. Algunos obedecen y aplican lo que se les pide sin preocuparse por las consecuencias o los resultados. Otros «se las apañan» para tener éxito. Aprovechan al máximo la inteligencia y las habilidades de sus equipos, pero también optimizan los esfuerzos de cada individuo para asegurar su duración. Planifican, organizan y reorganizan constantemente el trabajo para superar, poco a poco, los límites de lo posible.

· ·

Dirigir es estar dividido entre la consecución de los objetivos y las relaciones humanas

El jefe está expuesto permanentemente a unos requerimientos paradójicos:

- *«Haz más, pero con menos.»*
- *«Demuestra espíritu colectivo, pero sé el mejor.»*
- *«Innova, pero respeta el orden establecido.»*
- *«Sé audaz pero, sobre todo, no te equivoques.»*

Si se preocupa por encontrar soluciones al tiempo que protege a su equipo de peticiones sin sentido, el jefe tiene con qué pasar noches sin dormir.

· ·

La mirada de los individuos con altas capacidades «no directivos» sobre la incoherencia de las prácticas no es comprensiva. Los directivos que se limitan a obedecer sin pensar nunca tendrán su aprobación.

Cuando se convierten en directivos, se aplican a sí mismos el mismo nivel de exigencia que imponen a su jefe. Esto puede llevarlos a negarse a asumir responsabilidades directivas en aquellos entornos en los que no puedan desempeñar esa función adecuadamente.

Retener a los superdotados requiere también fomentar la existencia de un verdadero liderazgo y el ascenso de las personas comprometidas y que ejerzan un verdadero poder de decisión y acción. Atrás quedan los buenos soldados dispuestos a todo, incluso a destruir a sus equipos, para quedar bien con sus superiores; su lugar corresponde ahora al jefe-líder que asume responsabilidades y las da.

Mientras que los actores digitales han hecho del desarrollo de las competencias de los directivos una prioridad, algunas empresas tradicionales, convencidas del vínculo entre la creación de valor financiero y humano, también se comprometen a transformar en profundidad los comportamientos de los directivos. Enfrentadas a contextos de mercado que les exigen actuar de forma diferente para seguir siendo competitivas, están promoviendo la calidad del liderazgo como un medio no solo para mejorar los resultados, sino también para reducir el sufrimiento en el trabajo.

Ludovic Poutrain, responsable de RR.HH. a nivel mundial de Kiabi, empresa miembro de la red EVH, explica que el desencadenante del proceso de transformación de la empresa ha sido la combinación de un sueño compartido, el de «crear una organización que inspire, atraiga y haga mejor a cada individuo», y el sufrimiento: «Queríamos dar un giro, tener más potencia, eliminar la pérdida de sentido y todas las zonas de tensión que se habían vuelto insoportables en una empresa cuya vitalidad estaba en duda».

Dejar que los directivos desempeñen plenamente su papel

Para desempeñar su función correctamente, el directivo necesita que la empresa cree un marco que le permita hacerlo.

Permitir a los directivos distinguir entre lo urgente y lo importante
Una gestión del tiempo inteligente y ágil tranquiliza a un equipo y lo lleva por el camino del éxito gracias a las optimizaciones que permite. Esto es especialmente cierto para el directivo de personas con altas capacidades que se rigen por la eficiencia. La presión por los resultados a corto plazo es a veces tan fuerte que se hace necesario ganar tiempo distinguiendo lo urgente de lo importante para negociar soluciones inteligentes. También debe sacar tiempo para emergencias reales. Los que tienen altas capacidades apreciarán que interrumpa todo para ayudarles a resolver un problema grave.

Por último, cuando se trata de proyectos de gran envergadura, tomarse el tiempo necesario para implicar a todas las partes interesadas en su preparación optimiza su ejecución y ahorra a todos un tiempo precioso.

Permitir que los directivos piensen de forma innovadora
Las normas de la empresa son esenciales para que el directivo guíe correctamente sus acciones. Les dan seguridad, les permiten actuar en coherencia con los demás y avanzar sin reinventarlo todo. Sin embargo, el marco establecido puede ser inadecuado para gestionar situaciones que se salen de lo normal. Dirigir a superdotados es una de ellas. Por lo tanto, es esencial dejar que los directivos muestren su inteligencia ante la situación y la organicen en consecuencia.

Atreverse a poner en valor a los mejores directivos

Como cualquier profesión, la dirección de equipos requiere habilidades específicas. Si las empresas saben valorar los conocimientos especializados —a menudo reconocidos por diplomas que las tranquilizan—, ¿por qué es tan difícil reconocer y recompensar a las personas que demuestran un verdadero talento directivo?

Cuando estos directivos se ocupan del personal con altas capacidades, su mérito debería ser doblemente reconocido.

Identificar y confiar en los líderes humildes

La dirección de personas rápidas y exigentes requiere humildad. Es fundamental para generar un trabajo en equipo óptimo y unos resultados sobresalientes.

Las personas humildes, conscientes de sus debilidades y dispuestas a mejorar, aprecian los puntos fuertes de los demás y se centran en objetivos que van más allá de sus propios intereses. Por desgracia, no siempre son fáciles de identificar o juzgar en su justa medida al dar la impresión de que son sus equipos quienes hacen todo el trabajo. Quienes están acostumbrados a arrimar el ascua a su sardina, campeones del marketing personal, a menudo se desenvuelven mejor en las organizaciones.

Identificar y destacar a los líderes humildes es un reto para que una empresa mejore la retención del talento.

•••

Un auténtico líder, sus equipos son lo primero

Vineet Nayar es un hombre humilde. El antiguo director del grupo indio de servicios informáticos HCLT comparte [60] *el camino que llevó a la empresa a ser nombrada una de las cinco empresas emergentes más influyentes de Business Week y a obtener la distinción de «Mejor empleador».*

Cuando él llegó, la empresa crecía más lentamente que sus competidores directos. Estaba perdiendo cuota de mercado y reputación. Sus empleados con más talento se iban a trabajar a otros lugares. Su análisis de la situación estableció que el área de creación de valor ya no estaba en

---

60. Conferencia impartida en París en noviembre de 2018 por Vineet Nayar, autor de *Employees first*, Harvard Business Review Press, 2010 (trad. cast.: *Primero los empleados, los clientes después*, Profit, Barcelona, 2011).

los productos, sino en la forma de combinar las tecnologías y en la interfaz con el cliente final.

Sin embargo, eran los responsables jerárquicos los que tenían todo el poder, a diferencia de los verdaderos creadores de valor para el cliente. Para crear innovación en el nivel adecuado, había que invertir la pirámide. La base se convirtió en la cima: primero los empleados, luego los clientes.

Los directivos y los líderes tuvieron que crear rápidamente las condiciones para que cada empleado diera lo mejor de sí mismo y permitiera a la empresa volver a crecer.

••

Valorar a los directivos justos y coherentes

El directivo respetado por las personas con altas capacidades es consciente de sus responsabilidades como líder del equipo y las asume. Se pregunta cómo debe comportarse con sus colaboradores y se esfuerza por ser justo en todas sus acciones. Explica sus decisiones y sabe delegar en los demás.

Dirige ante todo mediante la confianza.

Testimonio de persona con altas capacidades
Sarah, asistente administrativa polivalente

«Mi empresa está creciendo muy deprisa y adquiere un gran número de contratos nuevos. Tengo la impresión de estar en todas partes a la vez y, por tanto, en ninguna, de contarles cuentos chinos a los clientes. De estar en las hojas de un árbol, pero no en el tronco. Hablé con mi jefa y reflexionó sobre ello. Me dijo que me necesitaba, que los clientes estaban muy satisfechos con mi trabajo, que lo que hacía era importante para ellos, y se ofreció a liberarme de algunos de mis contratos para que yo tuviera más tiempo para mis expedientes. Sentí que me tenía en consideración.

Cuando algo va mal, sé que hablándolo se pueden encontrar soluciones. Lo que no funciona es siempre temporal.»

Apoyar a los directivos que fomentan el aprendizaje

Exponer a quienes tienen altas capacidades a nuevos aprendizajes de forma regular es crucial para retenerlos. Esto significa aceptar los errores y explicarles claramente las reglas del juego.

Al dar a sus equipos la oportunidad de probar cosas nuevas sin miedo al fracaso, el directivo crea las condiciones para obtener buenos resultados.

La clave del éxito: aceptar la singularidad

Los directivos que respetan a los empleados con funciones cerebrales diferentes a las suyas y saben beneficiarse de ello rara vez se sienten cuestionados por ellos. Desempeñan plenamente su papel de directores de orquesta de los talentos que les han sido confiados.

....

Testimonio de persona con altas capacidades

Paco, consultor

«Trabajé en un entorno profesional en el que el conformismo estaba a la orden del día. Tenías que hacer lo que se suponía que tenías que hacer, limitarte a reproducir lo que ya se había hecho. Me chocaba enormemente.

Sin embargo, aquella empresa no estaba en una burbuja, sino que operaba en un entorno rodeado de "inconformistas" que transgredían los usos y las normas. Desamparada ante esta situación, fui contratada para que me ocupara de ello. Fue un terreno de juego extraordinario, pero cuando hablaba con los demás me sentía como si estuviera en el exilio.

En mi nueva empresa, donde mi jefe se encarga de que todo el mundo sea aceptado como es, me siento como en casa.»

....

Aprovechar la diversidad cognitiva significa construir un colectivo de perfiles que se complementen entre ellos para generar un rendimiento óptimo. Cuanto más diversa es una empresa, más redunda en beneficio de las interacciones entre los distintos tipos de personalidad. Responde mejor a las necesidades de su mercado porque sus equipos reflejan el mundo en el que opera.

La excelencia directiva implica adaptarse a los empleados —y no al revés— para que cada cual aporte al grupo el máximo de lo que puede dar. Estableciendo unos límites para que la eficacia se mantenga.

....

Testimonio de persona con altas capacidades
Charlotte, *Managing Director*

«He trabajado con una presidenta extraordinaria. Todo el mundo se quedaba fascinado con ella. La mayoría de nuestras conversaciones tenían que ver con consejos para no fatigarme. Me advirtió sobre los peligros de dedicar toda mi energía al trabajo y me animaba a disfrutar de todo lo que me gustaba. Me encantaba trabajar con ella. Aprendía cada día y sentía que me tenía confianza. No tenía miedo de equivocarme, me sentía segura. Me dejaba avanzar a mi ritmo.

Los que trabajaban con ella estaban dispuestos a hacer lo que hiciera falta para ayudarla a triunfar. Sabía trabajar con todos adaptándose a las particularidades de cada cual. Su estilo de dirección suscitaba un compromiso profundo y total. Sensible como era, no ocultaba sus debilidades. Era fuerte, segura de sí misma y a la vez capaz de dudar. Sabía adónde quería ir y solo cambiaba el rumbo si tenía buenas razones para hacerlo.

También tenía defectos, algunos de los cuales podrían parecer insalvables para ejercer el cargo que desempeñaba, pero quedaban compensados con creces debido a su capacidad de rodearse bien y de trabajar con personas que eran mejores que ella en las dimensiones que no eran su fuerte.»

En las empresas, se crean iniciativas, en manos de personas con altas capacidades, para desarrollar la cooperación entre diferentes perfiles y ayudar a acoger la diversidad intelectual. En 2016, dos empleados del fabricante de aeronaves Airbus, Christian Charlier en Francia y Céline Tovar en España, lanzaron una red social sobre el tema de las personas con altas capacidades intelectuales. Abierta a los 140.000 empleados, accesible a todos sin necesidad de especificar el nivel de CI que se tiene, el propósito de *My Gifted Network* es crear una comunidad de trabajo diversa, capaz de trabajar conjuntamente de forma constructiva y generar innovación. Ahora cuenta con más de 1.000 miembros.

En los pasos de «*My gifted Network*», se pusieron en marcha en Francia varias iniciativas similares: «HPI fonction publique» en la administración, «DKdrés» en el banco Société Générale, «Les Z'Atypiques» en el grupo de telecomunicaciones Orange. Esos colectivos proporcionan a los directivos pautas para detectar cuanto antes a este tipo de empleados y trabajar con ellos de forma más eficaz.

Estas acciones son útiles porque sirven para dar a conocer las especificidades de las personas cuyo desfase cognitivo puede convertirse, en determinados contextos, en una «limitación invisible». Pero, sobre todo, subrayan lo que debería ser obvio: el talento, sea cual sea, solo se convierte en un activo para la empresa y para la persona en cuestión cuando ambas partes lo aceptan y lo utilizan con sabiduría. ¿No podría ser ese el objetivo de todos hoy en día? Todos tendrían mucho que ganar.

Charlotte diez años después:
la revolución empresarial, ¿ciencia ficción?

Barcelona, octubre de 2024.

«**7 h 00** - He dormido bien. Yoga diario para dar la bienvenida al bonito día que se avecina.

7 h 15 - Desayuno en la terraza. Leo la nueva prensa B2B en mi *tablet*. La información es clara, accesible, ordenada y explicada.

8 h 15 - Me dirijo en bicicleta a las oficinas de Poble Nou. Estamos situados en un barrio nuevo con todos los actores que acompañan la transformación empresarial. Más que competidores, somos complementarios. Trabajamos como socios, cada uno con su propio posicionamiento. Hay tantas solicitudes que nos resulta difícil responder a todas. Una plataforma digital compartida despacha los encargos y gestiona los procesos hasta el cobro.

8 h 45 - Fin del desplazamiento a pie, por la playa. El amanecer es magnífico.

9 h 00 - Llegada con el personal que viene hoy a la oficina. Diez nacionalidades. Paridad de mujeres y hombres, de séniores y millennials. La mitad de la plantilla teletrabaja. Un tercio de los desarrolladores, en Francia o en Puducherry. Hemos creado una escuela allí. Tomo un café con el personal para hablar de la marcha de los proyectos.

9 h 30 - Reunión con la fundadora de una *start-up*. Excelente conversación, que continuará.

11 h 00 - Llamada por Skype con el director general de la entidad francesa. Todo está en marcha. Validamos la estrategia para acelerar las contrataciones. Nuestro personal es excelente, pero algunos se van al cabo de dos años para montar su propia estructura. Estamos orgullosos de ello. Estamos creando emprendedores. Lo esencial es atraer constantemente nuevos talentos para absorber el crecimiento.

12 h 00 - Entrevista de contratación. Excelente perfil de un *Data Scientist*. Oferta realizada. Funcionará. Tenemos suficiente para estimularlo durante dos años.

14 h 00 - Almuerzo junto al mar con un cliente potencial. 150 altos directivos a los que formar. Todos millennials. Gran presupuesto, recurrente. El trato está hecho. Ahora toca cumplir.

15 h 30 - Comex flash, un *kick-off*. La presentación es sintética, me abstengo de señalar el error que me daña los ojos. No afecta al razonamiento global. *Go!*

16 h 00 - Llega mi mejor mánager. Necesita cambiar impresiones. Ya tiene la respuesta a todas sus preguntas.

17 h 00 - Discusión con nuestro accionista mayoritario sobre una mina de oro con la que he estado «coqueteando» durante meses. Los fundadores parecen estar dispuestos a unirse a la aventura. ¡Es genial! Nuestro volumen de negocio crece anualmente de un 50 a un 70 %, la mitad de forma orgánica y la otra mitad mediante adquisiciones. El EBITDA acompaña. No supone ningún esfuerzo, porque todo el mundo pone de su parte y lo hace con alegría.

18 h 00 - Le prometí a mi hija que vendría a celebrar el lanzamiento de su primera novela. Acaba de cumplir 18 años y es una de las mejores jugadoras de voleibol de su edad. Su hermana es la mejor en inteligencia artificial y en gimnasia acrobática.

20 h 00 -La fiesta está en pleno apogeo. Nuestros amigos se unen a nosotros. Catalanes, franceses y de muchas otras nacionalidades.

00 h 00 - Hora de volver a casa. Mañana nos levantamos temprano.

Ya es viernes. No he visto pasar la semana. Este fin de semana nos vamos a Cabrera a bucear. Un equipo de ocho directivos para certificarlo.

Esto es así desde hace tres años. Ojalá no acabara nunca.»

¿Pronto todos infradotados?

Tras una progresión continua de la inteligencia humana, esta comenzaría a retroceder.

Tras un crecimiento de 3 a 7 puntos por década en los resultados de los test de CI en los Estados Unidos y en catorce países desarrollados, como destacó el investigador neozelandés James Flynn, un estudio [61] de 2015 realizado por Richard Lynn y Edward Dutton muestra que el CI medio de las generaciones nacidas después de 1975 en los países occidentales está disminuyendo. En Francia, por ejemplo, habría descendido casi 4 puntos entre 1999 (WAIS III) y 2009 (WAIS IV).

---

61. James Flynn, «A negative Flynn Effect in France, 1999 to 2008-9», *Intelligence*, n.º 51, 2015, págs. 67-70. https://www.researchgate.net/publication/277726115_A_negative_Flynn_Effect_in_France_1999_to_2008-9

Índices de CI, desviaciones estándar (D.E.) y CI totales
entre la WAIS III (1999) y la WAIS IV (2008)
en Francia

Índices de CI	WAIS III (D.E.) (1999)	WAIS IV (D.E.) (2008)	Descenso CI
Comprensión verbal	95,1 (13,9)	99,1 (14,9)	4,0
Razonamiento perceptivo	98,9 (16,4)	102,0 (16,0)	3,1
Memoria de trabajo	100,7 (14,8)	100,7 (13,2)	0
Velocidad de procesamiento	99,2 (18,6)	99,9 (17,1)	0,7
Índice de aptitud general	96,0 (13,7)	99,9 (14,9)	3,9
CI total	97,3 (14,9)	101,1 (14,7)	3,8

Cada cual explica este fenómeno con arreglo a sus propias hipótesis: la presencia de disruptores endocrinos y de productos químicos en la alimentación modificaría la maduración del cerebro de los recién nacidos, la adicción a las pantallas destruiría la capacidad de concentración, el entorno cultural creado por la sociedad de consumo sería menos favorable para el desarrollo cognitivo, la rigidez de los métodos educativos limitaría el aprendizaje, la inmigración influiría…

¿Por qué no imaginar también que este hecho podría deberse a las consecuencias de las culturas corporativas y de las organizaciones que, al excluir la iniciativa, limitan la expresión de la inteligencia? Por no hablar del acreditado carácter nocivo para el cerebro de ciertos modos de dirección…

¿Qué futuro aguarda a los hombres cuya inteligencia está dormida?

La película Matrix[62], más allá de sus efectos especiales, transmite asimismo un mensaje filosófico.

Un programa informático autosuficiente provoca una catástrofe mundial. Las máquinas se adueñan de una gran parte de la tierra manteniendo a los seres humanos dentro de un sistema rígido que les da una ilusión de realidad. Sumidos en un estado de sueño profundo, son explotados como fuentes de energía y como esclavos de una organización protegida por unos agentes que adoptan la forma de unos hombres de negocios blancos, en corbata, que muestran una aversión profunda por el ser humano. Tan solo unos pocos individuos han elegido combatir la ilusión para acceder a lo real y poner fin a los daños.

Matrix pone en cuestión el destino de la Humanidad. ¿Está condenada a servir a máquinas o sistemas para siempre jamás? ¿Es capaz de vivir sin el peso excesivo de una jerarquía y sin las relaciones de dominación que esta puede generar?

• •

Sin embargo, la situación no es desesperada, ya que las neurociencias han establecido la plasticidad del cerebro, y es seguro que, utilizándolo y entrenándolo regularmente, todo el mundo podría desarrollar habilidades extraordinarias en su zona de excelencia.

A fin de cuentas, la inteligencia probablemente cae cuando no se utiliza. ¿A qué esperamos para reaccionar y poner en práctica las soluciones empresariales que eviten que nos convirtamos colectivamente en infradotados?

---

62. Matrix, tetralogía cinematográfica de los hermanos Wachowski estrenada en los cines en 1999.

En resumen

Las personas con altas capacidades desafían las prácticas de dirección. Conscientes del valor añadido de la dirección, también son conscientes del perjuicio que puede ocasionar un inmediato superior que se siente incómodo en su puesto o que carece de margen de maniobra para apoyar adecuadamente a sus equipos en la consecución de los objetivos fijados por la empresa. Marcados por los líderes excepcionales con los que se han cruzado, no se adaptan a las malas prácticas. Esperan que su jefe les ayude a mostrar todo su potencial y que la empresa se beneficie de ello.

Al directivo le conviene ser complementario de los superexitosos, adoptar una postura de *coaching*, de asesoramiento, a veces de salvaguardia, al tiempo que desempeña un verdadero papel de liderazgo que agrupa, reúne y ayuda a crecer a sus equipos. Para ello, la empresa debe darle suficiente libertad para que él pueda ejercer esta responsabilidad. Y hacerle más fácil su trabajo haciendo hincapié en el desarrollo de las competencias directivas.

En pocas palabras, nada sólido se construye con personas con altas capacidades sin tener en cuenta ni respetar la singularidad de todos los seres humanos.

6

OTRA MIRADA SOBRE LA DIRECCIÓN DE PERSONAS CON ALTAS CAPACIDADES

«Debes tener caos dentro de ti para dar a luz
a una estrella danzante.»
Friedrich Nietzsche

Para encontrar la solución a un problema complejo, a menudo es útil salirse del marco.

Entender cómo funcionan los superdotados puede parecer más fácil basándonos en las enseñanzas de obras famosas. Las que siguen presentan situaciones, en diferentes entornos, que son similares a las que experimentan las personas con altas capacidades a lo largo de su vida personal y profesional. No siempre gozosos, esos momentos de la vida pueden sin embargo ser una gran fuente de inspiración y de creatividad para la persona que los atraviesa.

Una sociedad más inclusiva con las personalidades extraordinarias que están en el origen de unos éxitos planetarios nos habría privado de *Harry Potter*, de *La guerra de las galaxias*, de las numerosas autoficciones de Amélie Nothomb y probablemente de muchas otras obras memorables.

Comprender la actitud de los millennials con altas capacidades con Harry Potter

La saga de *Harry Potter*, traducida a 62 idiomas y que ha vendido más de 460 millones de ejemplares, es, por doble motivo, la historia de alguien con altas capacidades.

Los ocho volúmenes de Harry Potter, una carrera de obstáculos

Su autora, la británica Joanne K. Rowling, una niña discreta y creativa, escribió su primera novela a los seis años. Sensible, el descubrimiento en su adolescencia de la esclerosis múltiple de su madre la afectó profundamente. Licenciada en letras, empezó a trabajar en sectores que tienen por objeto el cuidado de los demás: primero en labores humanitarias (Amnistía Internacional), luego en la enseñanza, donde disfruta de un horario flexible y de cierta libertad.

Su vida cambia tras la muerte de su madre. Entra en una fase de resiliencia y creatividad que «explota» en una estación de tren con cuatro horas de aburrimiento por delante. Atrapada por el retraso de su tren, creó a Harry Potter.

Este personaje, un chico delgado con gafas, tiene las mismas iniciales que *High Potential*, HP.

Durante mucho tiempo no supo que era un mago. También sufre la ausencia de familiares desaparecidos. Se siente incómodo en el mundo *muggle* normal. Su vida cambia cuando toma conciencia de sus habilidades y trabaja para dominarlas y desarrollarlas, rodeado de mentores atentos. Combinándolas con las de otros, es capaz de superar todos los obstáculos.

En cuanto a Joanne K. Rowling, si lo que vino después es bien conocido, no se construyó sin esfuerzo. Escribir el primer libro de

Harry Potter fue un proceso difícil que le llevó varios años. Después de terminarla, fue rechazada en numerosas ocasiones, tanto por agentes literarios como por editores. Personas que desde entonces han tenido que morderse los dedos por no haber sabido detectar el talento, o por no atrevido a correr el riesgo de publicar un manuscrito que no encajaba en las «casillas» habituales.

Quien tuvo confianza en ella no se arrepintió. En todo caso tenía buenas nociones de marketing, ya que la presionó para que adoptara un segundo nombre y pusiera solo sus iniciales a fin de ocultar el hecho de que era una mujer. Tenía miedo de perder a la mitad de su público objetivo: ¡los chicos!

J.K. Rowling concede ahora pocas entrevistas y se limita a vivir en el campo.

Hogwarts, la escuela para millennials superdotados

Cada alumno de Hogwarts representa un tipo de niño o adolescente superdotado. Su historia es la de la supervivencia en una sociedad que tiene dificultades para aceptarlos, pero también la de descubrir sus habilidades y el aprendizaje necesario para manejarlas. Por último, es la historia de su lucha interior y de su forma de ver un mundo que no les conviene y que les gustaría mejorar.

Hermione Granger es la estudiante que tiene que ser perfecta para encajar en un mundo en el que las chicas inteligentes parten con desventaja. Pasa su tiempo leyendo y trabajando. A la cabeza de la clase, se comporta como una alumna modelo, respetando las normas y adaptándose para no meterse en líos. Todo esto la frustra, por supuesto, pero no lo demuestra. Con una mente lógica y estructurada, tiene menos éxito en las actividades físicas que requieren más esfuerzo. Lo cual hace que se burlen de ella. Llevados por los celos, a algunos les encanta señalar sus puntos débiles. Calificada de «señora sabelotodo», le resulta difícil hacer amigos que no sean chicos, más prácticos y complementarios.

A Ron Weasley le va moderadamente bien en la escuela. Sus hermanos revoltosos siempre se meten en problemas. Él prefiere pasar desapercibido a riesgo de ser visto como un idiota. Sin embargo, tiene un éxito increíble en el ajedrez, es mejor que nadie. También sabe mostrar liderazgo cuando la situación lo requiere.

En cuanto a Harry Potter, muestra un talento excepcional en el *quidditch,* el juego más valorado en la escuela. Desde su primer ensayo, todos quedan impresionados. Buen estudiante, pero no brillante, solo trabaja en los temas que le interesan. Al no respetar las normas cuando las considera inapropiadas o injustas, a veces se mete en problemas. Rebelde contra la injusticia, también soporta la destrucción y, a lo largo de la saga, lucha contra el «Mal Absoluto» encarnado por Lord Voldemort, el superdotado con una patología que no se puede curar. También hay personajes «retorcidos» entre los superdotados, que a veces resultan muy peligrosos porque, cuando lo son, obviamente no es a medias…

Después de una pugna feroz, Harry logra la victoria.

Esto llevará varios años y ocho libros para asegurar el disfrute de los lectores y el porvenir financiero de todas las partes implicadas.

Captar cómo se vuelve tiránico un sistema con *Star Wars*

Apasionado de las carreras de coches, George Lucas obtuvo el permiso de conducir a los 16 años y soñaba con convertirse en piloto profesional. Un grave accidente le hizo abandonar este camino y dedicarse al cine.

Hollywood, un mundo en el que hay que adaptarse a los KPI del *business*

Para empezar, rompió los códigos con un cortometraje de ciencia ficción en las que se las arregló «con lo que había» y con el que ganó el premio del National Student Film Festival de Nueva York. Aquel logro llamó la atención de Francis Ford Coppola.

Aunque su ambición era hacer cine experimental y llevarlo adonde nunca había llegado, no tardó, inmerso en el sistema de Hollywood, en aplicar su talento visionario al negocio. Durante la producción de la primera *Guerra de las galaxias*, renunció a ciertas facilidades financieras a fin de poder quedarse con todos los ingresos generados por la venta de productos derivados. Su productora se lo concedió, sin verle el sentido. Aquella decisión le convirtió en uno de los hombres más ricos del mundo.

Como pionero, creó un modelo de negocio que desde entonces ha sido ampliamente utilizado por Hollywood: la saga. Si tiene éxito, garantiza unos ingresos recurrentes y un rendimiento máximo de la inversión. Sabiendo aprovechar los recursos, implicó en el montaje de *La guerra de las galaxias* a su mujer, cuyo rol habría sido decisivo y habría ido mucho más allá del montaje, por el que Marcia Lucas ganó un óscar.

En definitiva, George Lucas provocó una revolución tecnológica en el cine a través de su productora, Lucas Film, que inventó el montaje virtual en el PC y transformó la industria de los efectos especiales.

El artista, obsesionado en su juventud con el cine experimental y la simplificación de las herramientas para a fin de rodar una película con los mínimos medios posibles, acabó adaptándose e invirtiendo fortunas en sus propias producciones hasta convertirse en el director, guionista y productor estadounidense que todo el mundo conoce.

No obstante, dedica parte de su fortuna al arte y la educación.

Las derivas relacionadas con la carrera por la omnipotencia

El hecho de que la historia de *La guerra de las galaxias* tuviera lugar «hace mucho tiempo, en una galaxia muy, muy lejana» no la convierte en un mundo completamente distinto del nuestro.

El Imperio, que domina la galaxia, está dirigido por un tirano dominante que esclaviza a sus «súbditos». Su reinado comienza con la caída de la República Galáctica, que los Jedi tratarán de restablecer sin descanso. Ese individuo, el exsenador Palpatine, autoproclamado emperador, obsesionado por aumentar su poder para dominar el universo, despoja a los individuos de su personalidad. Negando su singularidad, los convierte en soldados que han perdido todo sentido crítico y están dispuestos a todo, incluso a la destrucción de la humanidad, para servir a las ambiciones del emperador.

Él nunca interviene directamente, prefiriendo dejar el «trabajo sucio» a Anakin Skywalker, el Jedi cuya energía ha absorbido y al que ha convertido en una «marioneta». Así nació el personaje de Darth Vader, que encarna el lado oscuro que todo el mundo lleva en su interior y que fascina a todos los amantes de *Star Wars*.

Este *western* galáctico —con una violencia que recuerda tanto al Tercer Reich como a la guerra de Vietnam— muestra también el frágil equilibrio de las instituciones democráticas, que puede romperse en cualquier momento. Y, cuando la democracia se tambalea, el miedo entrega a los tiranos todo el poder.

En cuanto a los Jedis, los héroes «luminosos» de *Star Wars*, evocan a personas con altas capacidades en busca del sutil equilibrio entre el Bien y el Mal. Una vez aprenden a manejar la «Fuerza»

—ese campo de energía que otorga poderes a quienes son sensibles a ella—, estos extraordinarios personajes toman el mando de la Resistencia y arrastran con ellos a sus compatriotas valerosos.

Quienes están dotados con altas capacidades también tienen sus límites. La historia de Anakin Skywalker es prueba de ello. Perdido por su dificultad para controlar sus emociones, cae bajo el dominio de un tirano y pierde su libre albedrío. Su metamorfosis se materializa con la máscara negra que sustituye su rostro, su voz inhumana y su respiración ruidosa causada por sus esfuerzos para adaptarse a un entorno tóxico. Solo se liberará tardíamente de este poder sobre él.

Entender las relaciones tóxicas con Amélie Nothomb

Amélie Nothomb, autora prolífica, no oculta que fue una niña precoz.

Su primera novela autobiográfica, *Metafísica de los tubos*, nos presenta a una niña brillante y rara que, desde los 2 años de edad, tiene una forma peculiar de ver el mundo. Tras ser muy pronto consciente de lo que ella llama «sus poderes», se da cuenta de que ocultarlos es a menudo preferible a fin de no asustara quienes la rodean. Autora con 17 años, tuvo un éxito fulgurante a los 25 años, y desde entonces ha mantenido un ritmo constante en su escritura. Un signo revelador de su identidad y quizás también de un temperamento de *insecure overachiever*.

Sus héroes, ¿todos con altas capacidades?

Sus héroes y heroínas parecen estar construidos a su imagen y semejanza. Su fuerza y su solidez se deben sin duda a que, sea cual sea la forma que adopten (cuentos, autobiografías o autoficciones), todos ellos relatan experiencias cercanas a las de su autora. Sus escritos también reflejan el funcionamiento cerebral de alguien con altas capacidades: un humor particular, un tono rompedor y unos comentarios que suelen ir más allá de lo políticamente correcto.

Sus novelas, ¿una lucha contra los manipuladores?

Amélie Nothomb retrata a personajes manipuladores y perversos en todas sus obras. Disecciona su comportamiento hacia sus víctimas con sutileza y precisión. Fascinantemente feos, esa clase de individuos aparecen en varias formas y papeles. En *Los nombres epicenos* se trata del amante despreciado al que no se le pasa la rabia y hace daño como marido. En las novelas anteriores, adoptan el rol de la madre (*Golpéate al corazón*), el empresario (*Estupor y temblores, Cosmética del enemigo*), la amiga adolescente (*Antichrista*), y el repulsivo autor del Premio Nobel, acribillado por un cáncer de cartílago (*Higiene del asesino*), la novela que la hizo famosa… Siempre se les describe tejiendo su red alrededor de su presa.

¿Por qué la omnipresencia de estos personajes? ¿Es una forma de descifrar las actitudes perversas para ayudar al lector a identificarlas y protegerse de ellas? ¿Es la explotación artística de un tema tan dañino que necesita ser sublimado? ¿Refleja una lucha contra un demonio interior o un proceso de resiliencia infinita?

¿O se trata simplemente de una venganza contra esos tristes individuos que, por desgracia, forman parte de la realidad y se cruzan en la vida personal, así como en la empresa?

A pesar de sus delitos, suelen permanecer en libertad durante mucho tiempo.

La empresa hiperestandarizada, ¿una organización inhumana?

Estupor y temblores nos sumerge en un período de prácticas de Amélie Nothomb en una empresa japonesa y describe a las personas que allí conoció. Encontramos al inmediato superior ambicioso, al ejecutivo benévolo que trata de paliar las injusticias generadas por la organización, al incompetente que se refugia detrás de las normas para establecer su legitimidad, al jefe colérico que refuerza su poder humillando a sus subordinados.

Seguimos a la narradora, que sufre toda la fuerza de la avalancha de consecuencias generadas por un entorno hiperjerárquico y estandarizado. Como joven en prácticas, sobrevive a las repetidas humillaciones de responsables tiranos, así como a la obligación de aceptar encargos que están a años luz de sus capacidades, experimentando los trabajos basura antes de tiempo. También sufre mucha discriminación por ser una mujer extranjera y diferente.

A pesar del humor que tiñe toda la historia, es un testimonio de su sufrimiento y del daño psicológico asociado. También es la prueba de una gran capacidad de resiliencia.

¿Este acoso moral —una práctica que está lejos de limitarse a las empresas japonesas de la década de 1980— ha hecho que ella se distancie definitivamente de cualquier cosa que se parezca a una empresa? Tal vez, con más suerte en los inicios de su carrera, Amélie Nothomb se habría convertido rápidamente en presidenta de Nissan. Bajo su dirección, el negocio del fabricante de automóviles japonés habría crecido tanto que habría acabado comprando Renault, y eso habría salvado a Carlos Ghosn de ir a la cárcel. Sin embargo, no hay que lamentarse. Sin duda, Amélie Nothomb expresa mejor su talento en la forma que ha elegido.

En resumen

J.K. Rowling, George Lucas, Amélie Nothomb: tres personalidades extraordinarias, tres trayectorias muy diferentes y, sin embargo, muchas similitudes, incluida su admirable necesidad de crear para compartir su visión del mundo.

Personalidades que eligieron muy pronto no ser dirigidas. Personalidades que, además, tenían una gran capacidad para superar los retos a los que se enfrentaban. Eso es probablemente lo que les permitió expresar plenamente su talento y encontrar el camino del éxito.

Conclusión:

TRANSFORMAR LOS COMPORTAMIENTOS DIRECTIVOS PARA TODOS

¿Y si quien posee altas capacidades fuera un ser humano (casi) como los demás?

Un «animal social», con un carácter nacido de su herencia genética y forjado por su historia. Con fortalezas y debilidades, coherencia interna y contradicciones, sueños y dudas…

Un ser humano que siente más agudamente, que comprende y evalúa más rápidamente, que sufre más también. Un poco, mucho, extremadamente. Siempre demasiado para los que le envidian, no le entienden o le compadecen.

Un ser humano que también puede mostrar el camino a los demás porque lo vive todo mucho antes y con más intensidad. Su carácter íntegro no le permite tolerar por mucho tiempo algo que no esté bien.

Al final, no hay nada más parecido a una persona con altas capacidades en una empresa que cualquier otro ser humano. El entorno de trabajo que le beneficia es realmente deseable para todos.

A partir de cierto nivel de inteligencia, a no ser que se padezcan trastornos del ego o de la personalidad, se impone una evidencia: la imposibilidad de gestionar eficazmente una empresa a largo plazo sin tener en cuenta las necesidades de todas las personas que la componen. Es peligroso para la supervivencia de la empresa apoyar unos comportamientos directivos tóxicos. Aunque generen un rendimiento inmediato. A toda organización le interesa crear las condiciones para que todo su talento trabaje en equipo de forma eficaz durante el mayor tiempo posible.

¿Cómo sería si solo contase con empleados con altas capacidades?

Los días serían infernales, con empleados que solo dormirían de cinco a seis horas diarias y que llevarían su montaña rusa emocional a la oficina. Habría que clasificar constantemente millones de ideas para eliminar las más descabelladas. Habría debates interminables porque todos tendrían siempre la razón y nadie se escucharía. La mayoría de sus actividades habrían sido destruidas y reconstruidas mil veces. A veces exactamente como eran antes, porque en realidad la cosa funcionaba bastante bien…

Si solo hay un 2,3 % de individuos con altas capacidades en la tierra, probablemente no sea por casualidad. Su utilidad para entender, analizar, descifrar, definir hojas de ruta y actuar sobre lo que hay que transformar es indiscutible. Rodearlas de personas que funcionen de forma diferente es también esencial. Más serenos, más tranquilos, que se tomen el tiempo de reflexionar.

Personas que saben poner la distancia adecuada entre ellas y lo que las rodea y cómo gestionar sus emociones. Que también puedan demostrar grandes habilidades interpersonales.

Personas que van, ciertamente, más despacio, pero a veces mucho más lejos. Que no siempre ven todos los riesgos, lo que les da la oportunidad de avanzar con calma. A las que a veces les cuesta tomar decisiones por la importancia que le dan a no hacer daño a nadie, pero tienen un temperamento positivo que contrarresta la «brutalidad» del superdotado.

Personas que muestran un compromiso profundo y duradero cuando contribuyen a un proyecto significativo en un marco que les da suficiente autonomía y libertad para demostrar su talento.

En definitiva, la empresa también necesita directivos valientes a los que les gusten los retos. Directivos capaces de dedicar sus esfuerzos a conseguir que los empleados de mayor rendimiento funcionen por su cuenta y orgullosos de darles autonomía y de que sigan su camino. Verdaderos gestores a los que la empresa debe proporcionarles una verdadera libertad de acción.

Es cuestión de equilibrio entre quienes poseen altas capacidades y quienes no, el hiperrendimiento y el rendimiento, el largo y el corto plazo. Todo el mundo puede llegar a tener un alto rendimiento si se le sitúa en su zona de excelencia y se le da el tiempo suficiente para desarrollar su talento.

También es una cuestión de equilibrio entre los KPI financieros y los KPI sociales. Mientras que los primeros son esenciales para el desarrollo de una empresa, los segundos, cuando se deterioran, son una valiosa advertencia de un uso excesivo o inadecuado de su capital humano.

El principal reto del líder del siglo XXI es crear las condiciones para que sus equipos trabajen conjuntamente de forma eficaz y avancen en la misma dirección.

Muchas son las personas que, con el fin de preservar sus propias ganancias, impiden que las organizaciones evolucionen de una manera que permita a todos «crecer». Aún son más las personas que rechazan los sistemas destructivos y narcisistas. Estos sistemas son terriblemente perjudiciales cuando se convierten en el escenario de egos excesivos y juegos de poder en detrimento del cumplimiento de la misión para la que se creó la organización.

Si todo el mundo aportara su talento a una organización solo cuando esta es capaz de utilizarlo de forma inteligente, lo que hoy parece imposible podría ser posible: la sensatez podría llevar las riendas.

¿A qué esperamos para transformar las prácticas obsoletas y construir empresas que prosperen produciendo un rendimiento duradero?

> *«Antes de pensar en reformar el mundo,*
> *En hacer revoluciones,*
> *En meditar sobre nuevas constituciones,*
> *En establecer un orden nuevo,*
> *Bajad primero a vuestro corazón,*
> *Haced que en él reinen el orden, la armonía, la paz,*
> *Solo entonces, buscad a vuestro alrededor*
> *almas que se os parezcan,*
> *Y pasad a la acción.»*
> Platón, *La República*

Más que una revolución de la gestión empresarial, lo que hay que poner en marcha es una profunda evolución de las prácticas.

Los 10 mandamientos del mánager de personas con altas capacidades

1. Serás humilde y ambicioso.
2. Te situarás en la complementariedad.
3. Pondrás a tu equipo en el lugar adecuado.
4. Le darás unos retos y un marco (pero, llegado el momento de irse, le dejarás).
5. Él establecerá sus objetivos.
6. Le darás autonomía y confianza.
7. Le brindarás escucha y *feedback*.
8. Le enseñarás a trabajar en equipo.
9. Le darás ánimos con regularidad.
10. Nunca te tomarás a ti mismo en serio.

Y esto funcionará (con todo el mundo, por cierto, ¡ya lo verás!)

Los superdotados, palancas de los éxitos colectivos

Entre bastidores de las misiones espaciales

Entrevista con Jan Wörner, Director General de la Agencia Espacial Europea (ESA [63]), Jean-Max Puech, director de Recursos Humanos de la ESA, y Frank De Winne, astronauta y Director del Centro Europeo de Astronautas (EAC [64]).

Proxima, Principia, Iriss, Futura, Blue Dot, Volare... 922 días y seis salidas al espacio, varios cientos de experimentos científicos realizados a bordo de la Estación Espacial Internacional (ISS). Años de preparación para las personas implicadas.

Detrás de estas misiones: Thomas Pesquet, Tim Peake, Andreas Mogensen, Samantha Cristoforetti, Alexander Gerst, Luca Parmitano —los seis astronautas elegidos entre más de 9.000 candidatos, en 2009—, pero también un equipo movilizado al lado de esas personas excepcionales para superar las barreras de lo posible. Con una misma preocupación: tener éxito.

---

63. European Spatial Agency: la Agencia Espacial Europea es la organización cuya misión es desarrollar la cooperación entre 22 estados europeos en los campos de la investigación y la tecnología espaciales y de sus aplicaciones.

64. European Astronaut Centre: El Centro Europeo de Astronautas es el centro de formación del cuerpo de astronautas de la ESA. Emplea a un centenar de personas y está situado en Colonia.

¿Cómo define usted a alguien con altas capacidades? ¿Se ha encontrado con muchos a lo largo de su carrera?

J.W.: Es una persona que, ante una responsabilidad, no solo hará lo que se espera de ella, sino que irá espontáneamente más allá. Me he encontrado con muchos colaboradores capaces de cumplir bien su misión, pero solo con un puñado de superdotados.

F. De W.: Las personas con altas capacidades tienen una mirada abierta al mundo, se interesan por todo. En el trabajo, no están limitados por un oficio porque son capaces de transformarse continuamente.

¿Por qué la gestión es un factor determinante en su éxito?

J.W.: Esas personas pueden llegar a tener un alto rendimiento. El deber de una organización y de su equipo directivo es identificarlas y sacar lo mejor de ellas dándoles las responsabilidades adecuadas de acuerdo con su personalidad. Ayudar a que su talento se desarrolle al tiempo que se preserva el espíritu de equipo es un equilibrio que hay que encontrar, y que se consigue dándoles mucha libertad y mostrándoles confianza, sin limitarlos nunca.

¿Cómo se detectan los individuos con altas capacidades?

J.-M. P.: Su forma de relacionarse con los demás es especial. Líderes naturales, entienden las situaciones con perspicacia, analizan, se anticipan y arrastran al resto del personal. Algunos tienen talento técnico o científico, otros para las relaciones y la dirección. El reto de una organización es conducirlos hacia retos que les permitan evolucionar gradualmente, de modo que siempre consigan hacer la contribución esperada.

¿Cómo desarrollan a quienes tienen altas capacidades?

J.-M. P.: Nosotros no tenemos un proceso específico, pero los animamos a que se postulen para el desempeño de funciones que no solicitarían de forma espontánea. Eso les da la oportunidad de superarse y progresar.

¿Los astronautas tienen que ser superdotados? ¿Hay que tomar alguna precaución con ellos?

J.W.: Los europeos pasan por un proceso de selección que implica habilidades técnicas, científicas, físicas e interpersonales en un entorno cultural diverso. Como compañeros, líderes o miembros del equipo, demuestran unas capacidades de adaptación y de comunicación extraordinarias, es decir, varias de las características de quien posee altas capacidades.

F. De W.: Son capacidades excepcionales las que se buscan a la hora de seleccionar a los astronautas. Aunque todos las tienen, algunos las desarrollarán en varias dimensiones, otros no. Esto exige mucha motivación y trabajo.

J.-M. P.: Los astronautas tienen habilidades poco comunes en términos de resistencia física, estabilidad psicológica y gestión del estrés. A veces es necesario protegerlos de la sobreexposición mediática asociada a sus misiones. Cuando esto se detiene, puede ser difícil.

¿Cuáles son los retos de dirigir un equipo en el que quienes poseen altas capacidades son la norma? ¿Qué les aporta relacionarse con ellos?

F. De W.: Mi principal reto es gestionar sus expectativas a diario y dar a cada uno de ellos oportunidades de volar. Sobresalen en su trabajo y tienen ambiciones legítimas. La dificultad para mí es que no siempre es posible para la organización seguirles. He adoptado el enfoque de ser claro, sincero, abierto con ellos y apoyarlos. Son inteligentes, conscientes de los esfuerzos realizados y aceptan los límites.

Me gusta mucho trabajar con ellos. Me impresiona especialmente la forma en que anteponen a la ESA cuando comunican sus misiones. Son valiosos embajadores.

¿Qué lugar hay para las mujeres con altas capacidades en los equipos de astronautas? ¿Irían los hombres a Marte y las mujeres solo a Venus?

J.W.: Siempre me he preguntado por qué hay tan pocas mujeres astronautas… Probablemente porque antes de presentar la solicitud, necesitan estar seguras de que tienen todas las cualidades requeridas. Un hombre se hace menos preguntas y responde a un anuncio cuando el puesto de trabajo le conviene. Es una pena porque, como cualquier organización, la ESA necesita a mujeres para funcionar bien.

Agradecimientos

Escribir este libro ha sido una gran aventura en la cual he estado bien acompañada.

Me gustaría dar las gracias por sus testimonios a Alain, Alienor, Ana, Aurélien, Bénédicte, Brigitte, Bruno, Charlotte, Clémence, Diana, Élisa, Félicie, Jaime, Jeanne, Jérémy, Laurent, Lionel, Marcos, Moncef, Olivier, Paco, Felipe, Sarah, Solenn, Soline, Teresa, Thierry y Yann. Agradezco también por su contribución, su red de contactos o sus comentarios a Noelia Aranega Carpio, Jérôme Armbruster, Damien Barthe, Lionel Bonnet, Sébastien Chelin, Thierry Cheze, Pierre Chicha, Laurent Choain, Laurence Cosson, Sophie Courault, Anne-Bénédicte Damon, Thomas Delalande, Marylène Delbourg-Delphis, Ai-Loan Dupuis, Vicente Feltrer, Jacqueline Guessard, Isabelle Hilali, Isabelle Lange, Sophie Lavaur, Ivan Maltcheff, Sylvie Philippe, Gilles-Noël Poirieux, Ludovic Poutrain, Javier G. Recuenco, Tamara Rodriguez, Laura Sebaoun, Anne Thomas, Solenn Thomas, Colette Tostivint, Marion Trousselard, Nathalie Vallier y Carin Villemot.

Muchas gracias a los equipos de la Agencia Espacial Europea por su contribución, y en particular a Frank De Winne, Jean-Max Puech, Philippe Willekens y Jan Wörner.

Gracias a Guillaume Bertrand y a Sergio Bulat por su confianza.

Este libro está dedicado a todos mis equipos, con los que me divertí mucho trabajando, y a los directores amables que me acompañaron: Annemiek Wortel, Laurent Sarfati, Marianne van Leeuwen y Sandra Zlotagora.

Es un guiño a Amélie Nothomb, a quien agradezco su discreta pero eficaz contribución.

Por último, gracias a mi familia, a Calypso, Olivier y Tessa Joyeux por su valioso apoyo.